ゲッターズ飯田の

裏運気の超え方

ゲッターズ飯田

朝日新聞出版

はじめに

「運気がいい、悪い」と言われたら、あなたなら、どうしますか？

「運のいい人になりたい」

「運のいい人生を送りたい」

誰だって、そう思いますよね？

「いい」「悪い」のどちらが良いかと問われれば……。


僕もそうでした。

自分の人生で、夢が叶わなかったり、挫折や苦労を経験したりすると余計に、

「運のいい人は、どういう生き方をしているんだろう？」

「運のいい人生を送った人は、どんな考えを持っていたのだろう？」

と、成功者のやり方を知りたくなり、それを学んでは、自分でも試していました。

――そうして、運のいい人からの教えを取り入れてみると、「なるほど、そうか！」と物事がスムーズに進むこともあれば、同じようにやっているのに、なぜかうまくいかないこともありました。

中には、タイミングが悪かったり、状況が悪かったりで、「あぁ、運が悪かったな」と思うこともありました。

結局、運を良くすることができなかった自分のせいなんですが、「人生山あり谷あり」と言うように、不意に「あれ？　谷に落ちたかも」と思うようなことって、誰にでもあるものです。落とし穴にはまったような気持ちになり、抜け出そうともがき苦しんでも、なかなか抜け出せない……。

けれども占いを勉強し、「運気の流れ」というものがあることを知ってからは、「今はこういう流れなんだな」とすぐに受け入れられるようになりました。

今のところ僕は、運がいいとき、悪いときは、誰にでもあるのだから、

「どんな運気のときも、生きることを面白がった方がいい」

「どんな出来事も、捉え方次第で面白くも楽しくもなる」

と思うに至っています。


その後、運の研究を続けていく中で、「人生の谷」と思える状況から抜け出すコツもわかってきたのですが、何も知らない人は、

「悪いものが憑いたのではないか？」

「悪い運の流れにはまってしまったかも？」

と不安に思い、不吉なものを祓おうと神社にお参りをしたり、パワースポットに行ったりすることが多いかもしれません。

または、どうすればいいかと相談に行った占いで「運気が悪い時期ですね」と言われた人もいることでしょう。


たしかに占いでは「運気が悪い時期はある」と言われてきました。・・・・・これまでは。

しかし、風水にまつわる言い伝えで、こんな話があるのを知っていますか？

中国のとある権力者が、「頭を北に向けて寝ると、疲れが取れる。傷の治りも早まり、すぐに元気になる」という話を聞きました。実際に試してみると、本当にそうでした。驚いた権力者は、この有益情報を敵軍に知られてはなるものかと、「北枕で寝るとよくない」という真逆の説を流しました。それが巡り巡って、日本でも「北枕は縁起が悪い」という迷信となって広まりました。

その後、長い時をかけてこの迷信は訂正されていき、現代の風水では、「北枕で寝た方が地磁気の流れに沿っているので健康にいい」とも言われています。

中国では、政治の判断に占いを使っていたという歴史もありますし、戦術を決めるのに使われたとも言われていますから、敵を欺くためにこうした情報操作をすること

はあり得る話でしょう。

僕はこの「北枕の話」を聞いてから、この話と似たようなことが、ほかにもたくさんあるのではないかと思ったのです。

その一つが、占いにおける「運気が悪い時期」の解釈です。

「運気が悪い時期」は、本当は「運が良くなる時期」だった!?

「運気が悪い」

「低迷期」

「運気が下がる」

こうした言葉を聞くと、たいていの人は動揺し、落ち込みます。

「どんな悪いことが起こるのだろうか……。何だろう……。怖い！」

最悪の事態を想像するようになり、ビクビクと脅え始めます。

そして、こうした人を不安にさせるマイナス情報ほど、広がりやすいものです。


そこで先ほどの「北枕の話」を思い出してみてください。

もしかすると、「運気が悪い」「低迷期」「運気が下がる」といった表現は、敵軍からの刺客である占い師が、本当は「運気が良くなる」のに、「運気が悪くなる」と思わせることで、敵の動きをコントロールしていたのではないか？

もしくは、「それをすると、なぜか運気が悪くなる」という情報を流すことで、相手を動揺させ、不安を抱かせ、自滅させる策略として使っていたのでは？

——などと想像が膨らみますが、これはまだ僕の妄想の域を出ない話です。


なぜこんな妄想が生まれたかというと、最近、いわゆる「運気が悪い時期」を経て、グンと伸びる人に出会うからです。また、「運気が悪い時期」に、さほど悪いことが起こらない人も大勢いるからです。「運が悪い時期」は、本当は「運が良くなる時期なのでは？」と思わずにはいられません。

幸せの感じ方は、人それぞれ

これまで僕は、占いの面白さを伝えたいと思い、自分なりの表現方法や楽しませ方を考えてきました。

占い自体は昔からあるもので、古くから受け継がれてきたものです。それを時代に合った表現方法に変え、よりわかりやすく伝わるようにと、自分なりの表現を研究しているのが占い師です。占いの古典を読むと、時代が変わって解釈が変わったんだな、と思う内容にもよく出会います。

そう考えると、その昔、どこかで誰かが表現した「運気が悪い時期」「低迷期」「運気が下がる時期」とは、本当はとてもいい時期だった可能性もあります。

占い師が、「ここで学ばせなくては！」「ここで学ぶと道が拓けるから！」という思いから、占った相手が遊んでしまわないようにと、あえて悪く言った可能性もあるのではないか？

世の中にはあまたの占いがありますが、生年月日からひも解く占いでは、誕生日から「命数」を割り出し、周期リズムを捉えて、「良い時期」「悪い時期」を出します。しかし、よく考えてみると、それをそのまま伝えるだけでは、アドバイスになっていないと思いませんか？

なぜなら、「どう動けばいいか」の具体的な行動指針を何も伝えていないし、「良いこと」「悪いこと」は、その人の欲望と、置かれた状況により、変わってくるからです。

たとえば、

- 出世してうれしい人もいれば、「忙しくなるからイヤだ」と思う人もいる。
- 環境が変わることを面白がる人もいれば、不安になる人もいる。
- 人前で目立つのが好きな人もいれば、裏でプロデュースする方が好きな人もいる。

かつては僕も、

「ここで運気が落ちて、ここで運気が良くなりますよ」

「この時期、運気が悪くなるから気をつけてくださいね」

などと言っていました。

ところがあるとき、占った人から、

「運気が悪くなるって、どうなるんですか？　どうすればいいんですか？」

と聞かれて、「ん？　どうなる？　答えは全員違うのでは？」と思ったのです。


同じ状況でも、それを運がいいと感じる人もいれば、悪いと感じる人もいる。

お金持ちになる、モテる、地位や名誉などを得たときに「運がいい」と思い込んでいる人もいますが、それは社会的欲望や社会的価値観であって、それが叶うことで「運が悪い」と感じる人もいるんです。現実に、「お金持ちにはなったけど、幸せではなかった」と言う人に会ったこともあります。

また、「運が悪いと感じる内容は、その人の成長段階で変わってくるのでは？」ということにも気づきました。


そこで僕は、新しい表現を考えました。

「表運気」と「裏運気」です。

運気には「表と裏がある」という捉え方をすることにしました。

その方が「良い、悪い」の意味にとらわれ過ぎず、もっと人それぞれの価値観に基づいて捉えられるようになると思ったのです。

先ほども言ったように、「運気が悪い」「低迷期」「運気が下がる」と伝えて、気持ちを落ち込ませて、動きを停滞させても、その人にとって何のプラスにもなりません。

それなら僕なりに「運気が悪い」の意味を捉え直して、もっと有意義なものに変えていきたい。

この本では、これまで言われてきた「運気が悪い時期」を、僕なりの新しい表現で「裏運気」とし、新しい解釈を加えていきます。そして、さまざまなシチュエーション別に、具体的な行動の仕方や考え方をたくさん書いていきます。

「裏運気」は、本当はかなり面白い時期です。

ここで何かをつかむ人もいれば、生き方が変わる人もいます。

これまで「イヤな時期だ」「何をやってもうまくいかない時期だ」と暗い気持ちになっていた人は、見方が変わり、「なるほど！　こんなにいい時期だったんだ！」と、考え方が変わるはずです。

じつはこの本を書いている今、僕も「裏運気」の真っ最中で、なるほどと思う出来事を経験していますし、ここから変わっていくことも予測しています。

それではこの本で、僕が新たに提唱する「裏運気」を一緒に楽しみましょう。

そして僕の「裏運気」研究は、この後も継続していきますので、ご縁があれば、みなさんの感じた「裏運気」の体験談を、ぜひどこかで聞かせてください。

ゲッターズ飯田の裏運気の超え方　もくじ

第2章　裏運気が来る前に、どう準備したらいい？

第3章　裏運気には、どう行動すればいい？

第5章 裏運気に隠された意味

第6章 五星三心占い あなたの星への裏運気アドバイス

［装丁］——ナルティス（新上ヒロシ）
［デザイン］—ナルティス（原口恵理＋上野友美）
［イラスト］—浦 正
［校正］——ぷれす
［編集］——鈴木久子（ＫＷＣ）
高橋和記（朝日新聞出版）

第1章

裏運気とは、何なのか?

なぜ、運気の波ができるのか？

「運気が悪いときの過ごし方を教えてほしい」

「ネガティブ思考になったとき、不安になったときの抜け出し方が知りたい」

これらは、トークイベントに寄せられたアンケートの中で、比較的多い要望です。

占いが好きではない人や、占いに興味がない人でも、

「落ち込むことが3回も続いた。もしかして呪われているのでは？」

「ミスが続いたうえに、体調まで崩した。運気が悪いのかも」

などと、人間の力がおよばない〝何か〟が自分に降りかかっているのではないか、と不安に思ったことが一度くらいはあるのではないでしょうか。

「弱り目に祟(たた)り目」「泣き面(つら)に蜂(はち)」という諺(ことわざ)があったり、「踏んだり蹴ったり」という表現もあるように、不運が重なる、災難が続く、という現象は昔から誰にでもあっ

たことがわかります。運気が悪いせいだと言われれば、納得してしまうかもしれません。

僕も約20年間、占いの実践と研究を続けてきて、「運気の流れはある」と実感しています。「運気の波」と言った方がイメージしやすいかもしれません。高波が押し寄せることもあれば、低い波のこともあるし、波のない凪（なぎ）の日もあります。ずっと荒波、ずっと凪ということはなく、常に変化し続け、止まることはありません。

では、なぜ波が起こるのか。

海の波については、風が吹いているから、海流があるからですが、もっとひいて見れば、地球は自転、公転していて、太陽や月との引力の影響で海の満ち引きが起こり、気圧の変化によって風が生まれるからです。

地球にはこうした「動き」があり、私たちはその地球で生きています。

「運気の波」も、この「動き」と似たようなものではないでしょうか。

私たち人間の中にも、やはり「流れ」や「波」、「リズム」というものがあるのです。

それを示してきたのが、占いです。

人生には周期がある

僕は現在、5万人以上の人を占ってきて、誰にでも「運気」という波はあるし、そこには一定のリズムがあると感じるようになりました。

けれども、もともと僕は「占いなんてインチキだ」と思っていたので、運気の波はあるんだろうなとは感じつつも、それが占いでわかるとは思ってもいませんでした。

しかし、占いの勉強を重ね、実践を積み重ねていくうちに、誰にでも流れはあり、それはある一定の周期やリズムになっていることがわかってきました。

では、この周期とはいったい何なのか。

生年月日でみるタイプの占いでは、天文学をもとにした西洋占星術(せんせいじゅつ)、暦(こよみ)をもとにした四柱推命(しちゅうすいめい)、九星気学(きゅうせいきがく)などが有名ですが、どれも「地球の動き」をもとにしています。

おそらく私たちはみな、地球の動きに影響を受けながら生きているのでしょう。

先に述べた「なぜ海に波があるのか？」と同じで、「なぜ運気に周期があるのか？」と言われれば、地球が一定のリズムで動いているからで、地球のリズムと同じように、私たちにも周期的な「運気の波」があり、そのパターンが暦をベースに割り当てられている、というわけです。

ただし、この周期の考え方はさまざまで、12進法のパターンもあれば、10進法のパターンもあります。

12進法では、「12年で運気が1周する」という考え方。
10進法では、「10年で運気が1周する」という考え方。
微妙にズレが生じていますが、これは周期をどう解釈するか、どう表現するか、その違いがあるだけで、おおもとにあるのは、「60年で1周する」という考え方です。

12進法は、12×5＝60
10進法は、10×6＝60

つまり、人生は60歳で人生のステージが1つ上がり、また次の新しい60年のサイクルが始まると考えられてきました。

「還暦」も、「暦が還る」と書きますが、十二支の干支（子・丑・寅・卯・辰・巳・午・未・申・酉・戌・亥）と、十干（甲・乙・丙・丁・戊・己・庚・辛・壬・癸）の組み合わせが60通りあり、これが1周し、生まれた年の干支に還るという意味があります。

占いの世界では、還暦を迎えた後は、第二の人生が始まると言われてきました。日本でも、かつて60歳定年制が当たり前の時代があり、社会的にも、「60歳は第二の人生の始まり」と言われていました。

運気に隙ができる

ここで僕が言いたいのは、どこで区切るかの解釈はいろいろありますが、「周期がある」という考え方は共通している、ということ。

そして、12進法と10進法の差の2年が、「運気が悪くなる」と考えられている、ということです。

僕はこの時期を「運気に隙ができる」と表現しています。

この「隙」を、古くから占いの世界では「運が悪くなる時期」と捉えていましたが、僕の場合はそうではなく、「欲望が変わる時期」であり、「裏の自分になる時期」と捉えることにしました。

このことは、後で詳しく説明します。

- 運気には「周期がある」
- 運気には「隙ができる」

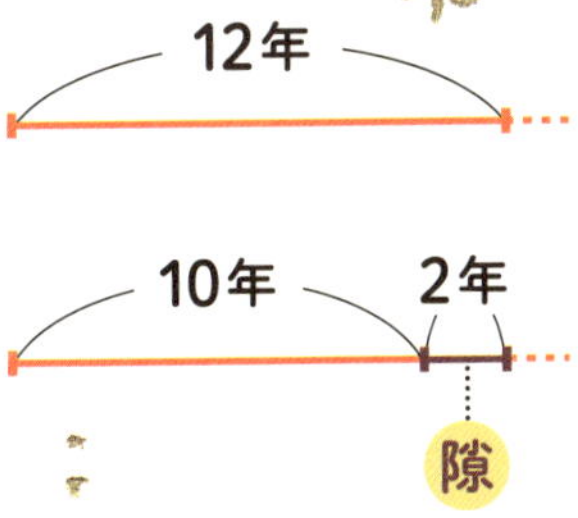

この2つは、僕なりの表現ですが、運気の捉え方や表現方法は占い師によって異なるため、世の中にこれだけ多くの占いがあるわけです。ともあれ占い師はみな、その表現方法を日々工夫しながら開発しているのです。

しくみの全体像をつかむために、先にそのことをお伝えしておきましょう。

運気とは、欲望の周期だった！

運気には「周期がある」と言いましたが、
周期とは、心のリズムのようなものです。
私たちの心は常に動いています。
心の動きが運気を作っているのですが、
その動きは、ある一定の周期で、
「大きな振り子運動をしている」と
僕は考えています。

なぜ、振り子運動にたとえたかと言うと、
心の動き、すなわち運気の波をグラフで表現すると、上がったり下がったりするため、
それが「良い、悪い」と見えやすいからです。

「良い、悪い」はシンプルな言葉なので、そこから抱くイメージも単純明快になります。「良い」と言われれば、運がいいからと「何もしなくてもラッキーなことがあるはず」と怠けてしまう人がいたり、「悪い」と言われれば、「悪い」という言葉のイメージにとらわれて、怖がって何もできなくなってしまう人がいたりと、「良い、悪い」という言葉の持つパワーが強過ぎて、まるで「善・悪」のように捉えてしまう弊害もあるなと思い始めました。

本書の「はじめに」でも触れましたが、そもそも「良い、悪い」の感じ方は、人によって違います。

ある人にとって幸せなことが、別の人には不幸だと感じられることもあります。たとえば、人前に出て脚光を浴びているときが幸せという人もいれば、人前に出るのが死ぬほどイヤだという人もいるように……。

僕が占いで伝える「良い、悪い」も、僕が思う「良い」と、相手がイメージする「良い」が一致しないことがありました。

後から丁寧に「良いというのは……」と具体的な説明をしても、最初に聞いた「良い」のインパクトが強過ぎて、そこに気持ちを奪われてしまうのです。しかも、「運気がいいから、何をやってもいい」と自分に都合のいい解釈をし、快楽をむさぼってしまう人もいます。

しかし、それでは運は良くなりません。

✿ ✿ ✿

そこで僕は、「良い、悪い」ではなく、別の表現ができないかと、ずっと考えていました。

考えながらもたくさんの人を占う中で、あるとき、「人は己の欲望に対して素直に向かうときと、そうでないときがある」ということに気づいたのです。

そして、前者が「運気のいいとき」、後者が「運気の悪いとき」だということを発見しました。

さらに僕は占いを通じて、人によって欲望が異なることと、人は常に「その欲望を満たしたい」と思っていることにも気づきました。

みなさん自覚はないかもしれませんが、人の喜怒哀楽は、だいたい欲望に基づいていますよね。

たとえば、人に認められたい欲がある人は、評価されるのは最高の喜びです。

他方で、自分の興味を掘り下げたい欲がある人は、好きなことに夢中になれることが最高の喜びです。もし、自分が納得できるまで掘り下げられなかったら、いくら評価されてもたいしてうれしくないでしょう。

ということは、己の欲望に向かっているときや、欲望が満たされて喜びを感じているときが、その人の「自分らしさ」が出ている状態で、幸せなときなんです。

前著『ゲッターズ飯田の運の鍛え方』や『縁のつかみ方』でも紹介しましたが、人が抱きやすい欲望を5つのタイプに分けて「5欲」と名付けました。

ここで簡単に紹介します。

- 「自我欲」……自我を通したい欲。
  または、自分を認めてもらいたい欲。
- 「食欲・性欲」……好きな食べ物やセックスなどで快楽を得たい欲。
  または、人に快楽を与えたい欲。
- 「金欲・財欲」……お金や価値の高いモノや情報を手に入れたい欲。
  または、お金や価値の高いモノや情報を貯めたり、守りたい欲。
- 「権力・支配欲」……人の上に立ってコントロールしたい欲。
  または、名サポート役として、その手腕を認められたい欲。
- 「創作欲」……モノやアイデアなどを生み出したい欲。
  または、伝統を継承して、その才能を認められたい欲。

「5欲」のうち、どれか一つを強く持つ人もいますし、複数の欲を持っている人もいます。ところが、運気の流れによって、己の欲望が変わるときがあるのです。

これが多くの占いで言われる「運気が悪い時期（裏運気）」に起こります。新しい表現を探していた僕は、「運気が悪い」と言うより、「別の欲望に気持ちが移るのではないか？」と思いました。なぜなら、人の気持ちは永遠には続かず、どこかで必ず「飽きる」ときが来るからです。

振り子運動にたとえると、いつも抱いている欲望に向かっているときが、振り子が片方に振れているとき。

ところが、これ以上はもう行けない……という限界地点に振り子が到達すると、今度は逆の方向に一気に向います。これが「己の欲望が変わる」ときです。

いつも追いかけている欲望に「飽きる」から、別の欲望を追いかけたくなる。しかも、いつもと違う欲望だけに、スムーズにはいかない。

たとえば、あんなに好きだったミュージシャンに急に飽きて、突然、仕事のキャリアアップに目覚めるとか、打ち込んでいた趣味に急に興味がなくなり、突然恋愛に走るなど。

慣れない欲望を追いかけるから結果がともなわないことが多く、失敗したり、痛い目に遭ったりしやすい。だから「運気が悪いと思ってしまうんだ」ということがわかってきました。

つまり、裏運気は「己の欲望が変わるから、うまくいかないと感じやすい時期」なだけで、このしくみがわかれば、手が打てるんです。

「どんな欲望に変わったのか」を占いであぶり出し、

「ではどうすれば、その欲望を楽しめるか？」を、より具体的に示せれば、「運気が悪い」という感覚も180度ひっくり返すことができるのです。

裏運気には、これまでの欲望が変わる

「運気が悪い」と言われる時期は、「己の欲望が変わるだけ」ということに気づいてからの僕は、次のような表現をするようになりました。

- 運気がいいと言われる時期＝いつもの欲望に向かっている時期＝表運気
- 運気が悪いと言われる時期＝いつもと違う欲望に向かい出した時期＝裏運気

そして、人の心は常に動いていますが、そこには36年、12年、10年、9年など、さまざまな周期があり、1周して次の周期に移る辺りで「隙ができる」。

ここが、「裏運気」となる時期です。

周期をイメージするのに、「12か月」「24時間」など、12で区切るとわかりやすいので、仮に12進法で説明すると、裏運気は、12のうちの「2」だけです。12年のうちの2年、12か月のうちの2か月、24時間のうちの4時間。ここが「己の欲望が変わる」という現象が起こる「裏運気」に当たります。

割合にしたら2割弱。それほど多くはないし、いずれ変わります。ですから、そんなに憂鬱(ゆううつ)になる必要はないのです。

ただし、運気の流れを自分で感じ取るのはなかなか難しく、主観的には、1日が終わったときに、前日と比べてどうだったか、1か月が終わったときに、前月と比べるとどうだったかくらいしかわからないでしょう。そう、渦中では気づけないんです。そこで、あらかじめ裏運気の時期を予測できる占いが便利というわけです。

ここまで読まれた方は、

「運気には表と裏がある」

「運気が次の周期に移る辺りで隙ができて、己の欲望が変わる」

ということがわかったので、知らなかった頃よりは、「これかもしれないな」と気づきやすくなるはずです。

ところが、裏運気に起こることは、「己の欲望が変わる」現象だけではないのです。

次の章では、「裏運気」に出てくるもう一つの現象、「裏の自分」について、詳しくお話ししましょう。

COLUMN

運気と欲望のふか〜い関係

「運がいい、悪い」とは何なのか？　と考え続け、
僕が見つけた新しい解釈をここにまとめておきます。

「運の良さ・悪さ」を決めるものとは？

- 「運がいい」と感じるのは、「己の欲望が満たされているとき」。
- 「運が悪い」と感じるのは、「己の欲望が満たされていないとき」。
  →欲望の達成度

運気とは？

- 運気とは心のリズム。人の心はとどまることがなく、常に動いている。
- 運は心。運がいいと思うのも、悪いと思うのも、心のありようで変わるもの。
  →好きなものにも飽きることがあるし、不幸だと思っていた出来事が、「あの経験があったおかげで」と、ありがたく思える出来事に変わることがある。
- よく見ていくと、心のリズムには周期があった。
  →まるで「振り子」が行ったり来たりするように、一定のリズムを繰り返している。

振り子のリズムが意味するものとは？

- 振り子の一端は、自分らしくいられる方向（表運気）。
- 反対側の一端は、自分らしくなくなる方向（裏運気）。

「自分らしさ」とは何か？

- 自分らしさとは、「己の欲望」。
  または、「己の欲望」を満たそうとしている自分。
- 自分らしいときとは、「己の欲望」を満たそうとしているとき。
  または、「己の欲望」が満たされているとき。
- 自分らしくないときは、これまでの「己の欲望」が変わったとき。
  または、本来の「己の欲望」が満たされないとき。

第2章

裏運気が来る前に、どう準備したらいい？

欲望が変わるだけでなく、裏の自分と出会う！

「運気が悪い」と言うより、「己の欲望が変わる時期」。

ではなぜ、これまでとは違う欲望を求めるようになるのか。

それは、「心が飽きてしまった」から……。

じつは裏運気には、この「己の欲望が変わる」
という現象のほかに、「裏の自分が出てくる」
という現象も同時に起こります。
そのため、余計に運気に振り回されるように
感じます。
裏の自分とは、ふだんは裏に隠れている自分の気質です。

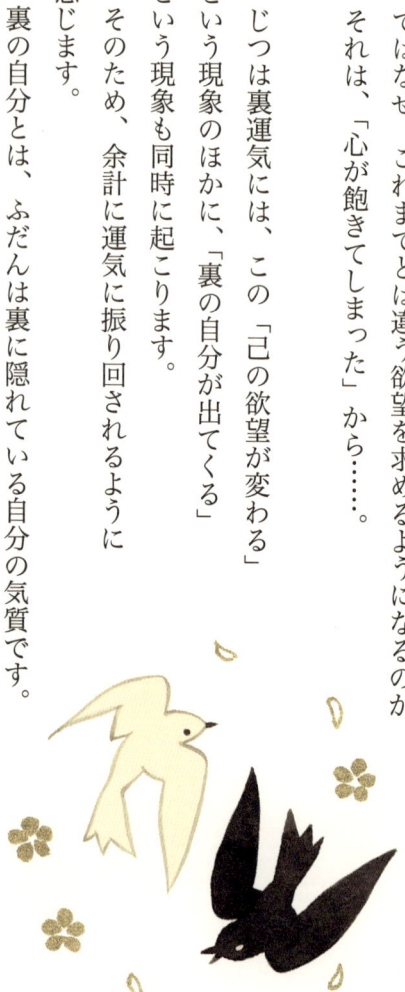

ふとしたときに顔を出すような、心の奥の方に潜んでいる気質で、それも確実に自分の一部です。

運気に「表と裏」があるように、人にもそれぞれ「表と裏」があるのです。

それにしても、なぜ裏運気のタイミングで2つも!?

欲望も変わり、裏の自分も出てきて、ややこしいよ!

と感じる方も多いと思いますが、運気の変わり目とは、季節の変わり目のように、強制的に変わることを促されるときなのかもしれません。

なぜって、変化のない人生なんて面白くないからです。たくさんの経験をしてこそ、人は成長するものだから。そう思えば、運気というものは、人生を楽しませてくれる、ありがたいものだと言えます。本当は、自分の心のリズムなんですけどね(笑)。

そして、運気にも、私たち自身にも「表と裏」があるのは、この世は「陰陽」でできているからだと僕は思います。

陰陽とは、光と闇、昼と夜、男と女など、どちらも必要で、一方だけでは成り立たない世界。日が当たるから影ができるように、どちらも存在するからこの世が成り立っている、という考え方です。

人の心にも光と闇があり、陰陽で成り立っているのです。

ですから、ふだんは気づきにくいけれど、裏の自分は確実に存在します。

そして欲望も、陰陽2つのタイプを持ちながら成り立っている、と言えます。

陰陽が相対関係だとするなら、陽が増してくると、陰が減ります。そのまま陽が増し続けると、全体のバランスが悪くなります。

どこかで陰が増す流れに変わり、全体のバランスを取りながら動いています。

その流れの転換期が、裏運気なのでしょう。

たとえるなら、日本庭園にある「鹿威し（ししおどし）」みたいなものかもしれません。水が限度まで溜まれば、一気に流れて、

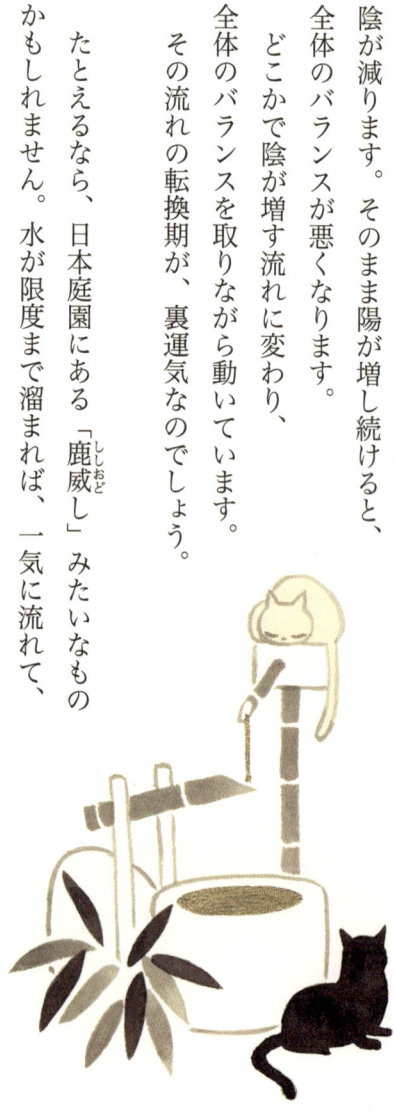

また新たな水を溜め始めるような運動です。

「生きること＝心が動いていること」だとすれば、私たちの心は常に動いているわけで、同時にバランスも取ろうとしており、陰陽のバランス調整のタイミングが裏運気なのかもしれません。

「裏の自分が出てくる」という表現がしっくり来ない人には、もう少しライトに、「興味の対象が変わる」と言うとイメージできるでしょうか。

たとえば、恋愛に興味のない人が、急に恋をしたくなり、恋愛モードに変わってしまう。逆に、「好きな人がいないと生きている楽しみがない」というような恋愛体質の人が、急に異性に興味がなくなり仕事を頑張りたくなってくる、など。

また、面白い現象としては、裏の自分が出てくることで、「正反対の欲望が手に入るようになる」ということも起こります。恋愛が得意な人はモテなくなり、恋愛が苦手な人はモテ始める、などです。

恋愛以外の例では、食に興味のない人に、やたらと食通の知り合いができて、グルメを堪能する集まりに誘われまくる、などもあります。何を隠そう、僕がこのタイプです。

ほかにもたとえば、

・急にマイブームができた。
・急に引っ越ししたくなった。
・昨日まで落ち込んでいたのに、急に前向きな気持ちに変わった（その逆もあり）。
・これまで「自分には関係ない」と思っていたようなことに興味が湧いてきた。
・今まで追いかけてきたものに、突然興味がなくなってきた。
・食の好みやブームが変わった。
・新しいファッションや髪型にしてみたくなった。
・タイプではなかった異性が気になるようになった。
・スムーズにいかないことが連発して起こった。
・「こんなはずじゃなかったのに……」と思うことが多い。

こうした流れの変化は、「運気が変わったサイン」かもしれません。

ただし、なかなかすぐに自覚できるものではなく、「何となく気分が乗らない」と思ったら、「ここ数日違うことに気が向いていた」とか、「そういえば、先週は気持ちが軽かったなぁ」などと、ふと振り返ってみてしみじみ変化を感じる、ということが多いかもしれません。

しかも、感じやすい人もいれば、感じにくい人もいます。また、裏も表も同じような人もいます。

感覚や気分は、捉えどころなく動いているものですから、「そうに違いない！」などと決めつけると、そこで認知にバイアスがかかってしまうこともあります。

つまり、自分で自在にコントロールできるものではないのです。

しかし、「運気が変わるときがある」「裏の自分が出てくる時期がある」とあらかじめ知っていれば、「あぁ、来たかな」と余裕を持って対処できます。

そして占いは、あらかじめ「表運気と裏運気」のパターンを示してくれるので（しかも、何千年もの叡智を積み重ね続けて！）、これをもっと活用すれば、ムダに気分に振り回されなくなると思います。

裏運気を迎えるにあたっての心構えとは？

「欲望が変わる」以外にも、「裏の自分が出てくる」ようになる裏運気。

「出てくる」と言うと、自分からそうなるような気がしますが、実際には、自分の意思とは関係なく、「裏の自分に対面する」ようなことが起こり始めます。
自分から能動的に違う欲望を求めるようになることもあるのですが、「そんな欲望は持っていないのに……」と思うような事態に巻き込まれることもあります。

この現象を知らなければ、当然戸惑います。しかし知っていれば、慌てなくて済みます。表の自分と裏の自分、まずはこれをあらかじめ把握しておいて、占いで運気を読み、裏運気が来たら、いつもとは違う「裏の自分」を楽しめばいいのです。
裏運気だからこそ、できることもありますから！

では、裏運気を迎えるにあたっての心構えを3つ、発表しましょう。

❶「表の自分」の欲望と、「裏の自分」の欲望を知っておく。
❷「表の自分」の当たり前が、当たり前じゃなくなると思っておく。
❸「裏の自分」を毛嫌いしないで、受け入れる。

❶で挙げている「表の自分」と「表の欲望」は自覚しやすいのですが、「裏の自分」と「裏の欲望」は、自分ではわかりにくく、ふだんは意識にのぼってこないことも多いもの。裏運気では、それらに対面するから戸惑います。ですから、あらかじめ「いつもとは違う自分や欲望と対面する時期があるよ」と、まずは覚えておいてください。そして、それを恐れず、嫌がらず、それも自分だと面白がって受け入れてください。

たとえば、1人でいるのが好きで、コツコツと何かを作り上げたい人なら、人が次々に寄ってきたり、チーム仕事が押し寄せてきたりします。

自分から急にそういう環境に入ろうと思い始める人もいますが、どちらかと言えば、「苦手、慣れない」と思っていたようなことを体験する機会が訪れます。

苦手で慣れない環境なので、気が重くなったり、警戒したり、「こんなの自分らしくない」とストレスになったりしますが、そんなときは、こう考えてみてください。

「裏運気にならないと巡ってこない、貴重なチャンスが来た！」

「裏運気で新たな能力が開花するかも！　自分の新たな魅力が見つかるかも！」

「この経験は必ず糧（かて）になる。この時期が終われば人間の幅が広がる！」

そうです、裏運気は永遠には続きません。どこかで終わりが来て、また本来の自分の傾向に戻ります。裏運気がストレスになるか、ならないかは、捉え方次第です。自分の糧になる時期だと捉えれば、不思議とパワーが出ませんか？

そして、表も裏も自分です。苦手と思っていたことを、じつは欲している自分もいた、ということを知るチャンスでもあります。面白いですよね。「自分はこういうこともやりたかったのか……」と僕もいつも後から気づいて、しみじみと不思議な気持ちになります。自分のどこに光が当たっているかに気づいて、「よし、ここを楽しもう」とマインドセットすれば、必ず「面白い！」と思えるところが見つかります。

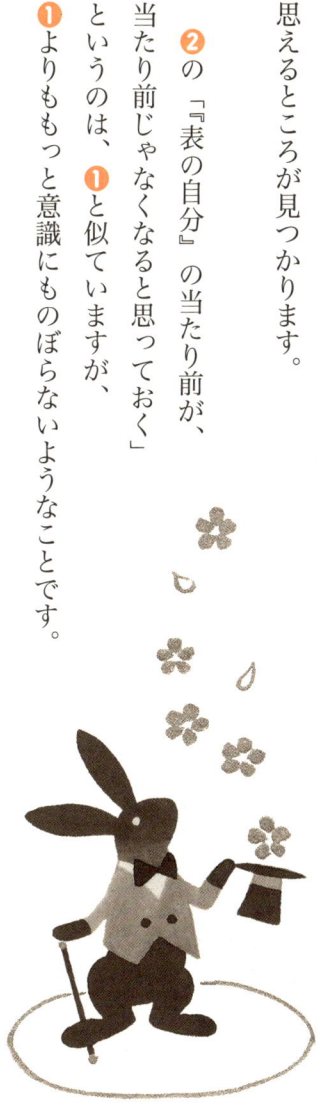

❷の「『表の自分』の当たり前が、当たり前じゃなくなると思っておく」というのは、❶と似ていますが、❶よりももっと意識にものぼらないようなことです。

「当たり前のこと」って、当たり前であるがゆえに、そもそも意識にのぼらないのです。

それが裏運気になると、当たり前が得られなくなることで、ハッと気づかされます。

別の言い方をすると、「ふだん何気なくやっていたこと」ができなくなり、「ふだんと違うもの」の中に身を置くようになります。

たとえば、健康に恵まれていた人が、体調を崩すようになる。元気だった親の介護が始まる。体の故障が見つかり、生活スタイルを変えざるを得なくなる、など。

❶が欲望なら、❷は欲望という意識はないけれど、自分の中にある「当たり前のこと」全般です。当たり前が、当たり前ではなくなるため、ふだんの行動パターンや人脈が変わることも出てきます。変わることに不安になり過ぎないよう、裏運気はそういう時期だと心得ておいてください。

❸の「『裏の自分』を毛嫌いしないで、受け入れる」は、❶や❷の状況になったとき、「こんなの自分らしくない」と反発せずに、受け入れた方がいいよ、ということです。

裏運気のことを知らなければ、抵抗したくなるものです。慣れないことが起これば、いつも通りに戻したい、その方が安心、と思うのが人間のサガですから。

しかし、流れが変わったのだから、受け入れた方がいいんです。よく、運気に逆らって生きようとする人のことを、「川の流れに逆らって進もうとしている人」などとたとえますが、流れに逆らうのは自由ですが、自分をムダに傷めつけ、疲れさせる行為だということは明白です。

流れを読んで、流されて生きる心地良さも味わってみてください。そして、裏の自分の才能を活かしてください。

裏運気にはギャンブルで勝てる？モテる人、結婚できる人もいる？

いつも通りには行かず、変化を強いられる裏運気ですが、だからこそチャンス、と考える人もいます。

経営者、起業家の人たちに多いのですが、陰陽のバランスや表と裏の流れを直感的に、または感覚的に知っている人は、あえて裏運気で勝負することもあります。

裏運気は、ふだんの自分ではできないことができる時期なので、博打(ばくち)的な勝負が当たることがあるのです。ふだんずっと「勝てなかった」から、裏運気で「勝てる」ようになることがあるのです。

つまり、ふだんの自分ならできないことが、この時期はうまくいく。しかも、うまくいけば大当たりする可能性も高い。

そう考えると、すごくいい時期に思えます。

ただし、気をつけてほしいのは、裏運気の当たりは「一時的」だということ。裏運気で得たことは、長くは続かないのです。12進法で言うと、「12年のうちの2年」ですから、裏運気が過ぎればまた流れは変わっていきます。それをわかったうえで博打を打つのはチャンスかもしれません。

もう一つ注意すべきは、裏運気でいい思いをしても、その快楽にはまらないようにすること。頭ではわかっていても、脳が覚えてしまった快楽から抜け出すには、強い精神力や専門的なテクニックが必要です。裏運気に限りませんが、ギャンブルで堕落する人が多いことからも、強烈な多幸感を一度味わうと、そこに執着しやすくなるのです。

総じて、裏運気に快楽を味わうと、表運気に戻ったときにつらくなる、と言えます。

「人生の大博打」という意味では、これまで注目されなかった人が急に注目され始めたりと、「人生が変わるような出来事」が訪れることもあります。これも裏運気ならではの現象です。

ふだんモテなくて、そんな自分がイヤだ、変わりたいという場合は、裏運気を使うといいのです。モテるようになるこの時期に、モテる自分をよく覚えて、研究して糧にしてください。今までのモテなかった自分を守るのではなく、壊してください。

いつもとは違ったタイプからモテることもあります。遊び人タイプとばかり付き合っていた人が、家庭的なタイプからモテ始めたりします。今までとは違うタイプと付き合えるチャンスです。

ふだんなら出会えないような人と出会うこともあります。

僕も占っていて、結婚したくて行動しているのに全然できないという人が、裏運気に結婚が決まることもありました。また、結婚に興味がなかった人が、急に結婚することもあるんです。

どちらも、「ふだんと逆になる」からこそ、訪れるチャンスです。

ただし、やはり長くは続かないのです。裏運気が終われば、本来の自分に戻りますから、「あれ？　何か違う」と気づいたり、相手から「何か違う」と思われたり、違和感が出てきて、次第に関係が悪くなることが多いのも事実です。

ですから、裏運気ならではのテクニックが必要となります。

恋愛を楽しむなら、「期間限定のいつもとは違う恋愛」と思って、楽しんでみるのもいいですが、一度好きになってしまうと、そう簡単に気持ちを切り替えたり、割り切ったりできませんから、それなりに苦しい思いもするでしょう。痛い目に遭うこともあるので注意が必要です。できれば、その経験を次に活かしてほしいと思います。

結婚となると、その後も長く続くものですから、気持ちが変わって苦労することが出てきますが、「運気が悪い」と逃げてはいけません。自分は裏運気で結婚するタイプだと思って、覚悟を決めることです。

結婚生活をこの先続けられるか、終わらせるかは、「覚悟ができているかどうか」

によります。どんな結婚生活にも12年に2年は裏運気が必ずやって来ますから、その都度「こんな人じゃなかったのに」と思うことがありますが、裏運気による変化だと受け入れて、軌道修正できるように努力すれば、道は拓けます。

裏運気で、夫婦どちらかの欲望が変わり、自分の欲望と相手の欲望がぶつかりあうようになったとき、両者とも引かなければトラブルが続くか、夫婦関係が続けられなくなるか、どちらかです。このとき、自分の欲望が変わっていることに気づけるか、相手を思う気持ちが我を張っている自分をいさめられるかが、問われます。

結婚は自分だけのことではないので、相手の運気や対応力にもよりますが、裏運気での試練は少なからずやってくるので、それにどう向き合うかが試されます。

考えてみれば、裏運気に限らず、人生に変化や困難はつきものです。変化や困難を体験して人は成長していくとも言えます。そう考えると、こういった試練は、裏運気に限った話ではありませんよね。

たぶん裏運気は、定期的に変化や困難を体験させてもらえる時期なんです。

とはいえ、前もってそれを予測できるのですから怖がらなくて大丈夫。心構えをしておくなり、準備しておくなりして、自分から迎えにいくくらいの気持ちで、裏運気の変化を楽しんでみませんか？

一つだけ、コツとして言えることとは、「裏運気が終わるとともに、軌道修正すること」。この運気のしくみがわかっていれば、裏運気とも仲良くできるはずです。

裏運気で良くなる人、悪くなる人

芸能界では、大ヒット、大ブレイクが訪れると、たいていはその後、徐々に盛り上がりは沈静化していきます。逆もしかりで、急に嫌われ役が回ってきたり、叩かれたりすることがありますが、次第に騒ぎは収まっていきます。この浮き沈みの激しさは、まさに運気の移り変わりを見せてもらっているかのようです。

表運気から裏運気に移行するときは突然のように思えます。ドーンと効果音をつけたくなるような激変と感じることが多いものです。


でも、安心してください。ブレイクするにしても、炎上するにしても、永遠には続きませんから。みんなどこかで「飽きる」ときが来ますので。


一見、「突然嫌われる・突然叩かれる＝裏運気」と思いがちですが、じつは裏運気で大ブレイクしたり、チャンスをつかんだりする人もいます。

これまで売れなかった人が、裏運気の波に乗って、急に注目を浴びることがあるのです。通常モード（表運気）が「売れない」だったので、裏モードになると運気がひっくり返って「売れる」に変わるのです。これはある意味「裏運気チャンス」です。

ただし、前述した通り、裏運気は〝期間限定〟です。

だいたい2年の裏運気が過ぎれば元に戻るわけですから、そこでの幸せに執着しないことが重要です。裏運気では、どんな努力をして、何を残し、何を与え、次にどうつなげるかが問われます。

裏運気チャンスの期間に、表運気につなげる「ある行動」ができれば、表運気に変わったときに、また大きくジャンプできる可能性があります。

✿ ✿ ✿

その「ある行動」とは……？

「裏運気のチャンスを使って、どれだけ他人のために行動できるか」です。

そもそも、裏運気にチャンスをつかめる人は、人のために行動してきた人。

表運気のときに人徳を積んでいるから、裏運気になって、通常モードとは違う状態に戸惑っているときに、これまでの人脈に助けられるのです。だからこそ裏運気でチャンスをつかめる、とも言えます。

逆に、いつも周囲の悪口を言ってばかり、努力もしない、人のせいにする、都合が悪くなると逃げてばかり……。そんな人には、そもそもチャンスは回ってきません。チャンスは人が運んでくることが多いので、人が離れたくなるような人にチャンスが回ってこないのは、当然と言えば当然です。

裏運気チャンスが来るかどうかは、やはり表運気で何を積み重ねてきたかが影響するんですね。どんな運を貯めてきたかが、裏運気でわかるのです。

ここで、大事なことをお伝えします。

裏運気で運が悪くなる人には、ある特徴があります。それは……、「自分さえ良ければいい」と思っている人です。

たとえば、表運気のときに、大きなチャンスをつかめるようないい話がやってきたとします。「うまくいけば儲かる」とか、「有利な地位が得られる」などと、自分の得しか考えずに、周囲への感謝をなくしていたら……？　裏運気で今までの運がひっくり返ったときに、誰も助けてはくれません。

もしくは、表運気のときに、感謝を忘れずに人のために行動してきたとします。そして、裏運気で大きなチャンスがやって来たとします。ところが、裏運気のチャンスに目がくらんで、「自分さえ良ければいい」と独り占めすると、表運気に戻ったときに、真の味方はいなくなっているでしょう。

裏運気は、「裏の自分が出る」時期です。

表運気で感謝していても、裏運気で出る「裏の自分」が強欲だと、せっかく貯めてきた運を台無しにしてしまうのです。

表も裏も自分ですから、ある意味、ここで「裏の自分」を知ることになります。

裏運気は陰陽がひっくり返る時期ですから、ふだん表に出さないように隠している自分が出ます。「自分さえ良ければいい」という強欲さや傲慢さが裏の自分にあると、それが出てしまうのです。「自分さえ良ければいい」という思いは、幸せを分け与えるのではなく、得を独り占めするか、気に入らない人を排除したいという思考ですから、その強欲な自分に執着してしまい、結果的に苦しむんですね。

つまり、「結果から、裏の自分を知る」わけです。


誰だって、ある程度は欲望への執着はありますから、苦しい時期なんです。いつもは隠れていた裏の自分が、欲に溺(おぼ)れて、他人のことを思いやれずに優しさのない行動を取ってしまうと、あっという間に信用を失って人が離れていきます。

しかも、裏運気にはそういう行動をしてしまう人が多いのです。

我が強いと不幸になる

ここで、あえて厳しいことを言います。裏運気の過ごし方を勉強しようとこの本を読んでいても、そもそもの性格が「我の強過ぎる人」は、運が良くなりません。

自我は必要ですが、「自分さえ良ければいい」という我の強さは、必要ないんです。

僕はずっと、「自分が、自分が」と、自分のことしか頭にない人は幸せになれないと言っていて、占いでも「我が強いタイプですね。強過ぎると幸せになれませんよ」とアドバイスしてきました。ただ、そう言いながらもどこかで、この性格の人はなかなか変わらないだろうな（なぜなら我が強いから）、裏運気になると今まで通りに行かなくなるから大変だろうな、と思っていたんです。

ところが、最近この理論を覆す人に出会うようになってきました。

それは、面と向かってはっきりと「性格が悪いですよ」と伝えた人でした。

1年後に会ったら、何となく雰囲気が変わっていたんです。

「あれ？ 優しくなりましたね」と言うと、

「あのとき初めて性格が悪いと言われて、変わろうと思ったんです」との返事。

それ以来、僕のＬＩＮＥ（公式アカウント）を毎日読んで、「人のために生きる」「自分のことより、人のこと」を徹底して頭にたたき込んだそうです。そして近頃は、周囲の人からも「変わったね」と言われまくっているそうです。

「変われるんですね！」と、僕自身が驚いて、思わず言ってしまいました。

裏運気ではこういう変化もあるんです。「悪→良」にガラリと変わった例です。

この場合は、裏運気が終わっても元に戻ってはいけません。

裏運気で明らかに良くなった人、明らかに運が開けた人は、裏運気が終わったら軌道修正するのではなく、裏運気でつかんだ流れを継続するよう努力してください。

万が一、戻ってしまったら、また運が悪くなり、そこで現実を突きつけられますが、一度でも良くなった経験があれば、悪くなった流れの変化にも気づけるはずです。

第3章

裏運気には、どう行動すればいい？

裏運気は怖くない！

僕の言う「裏運気」は、占いの世界では長らく、「運気が悪い時期」と言われていたので、この時期を怖がる人がいます。たとえば……、

「運気が悪くなるから、下手に動かない方がいい。新しく何かを始めてはいけない」

「じっとしていた方がいい」

「この時期に出会った人とは別れることになる」

「交際、結婚、引っ越し、転職、すべてダメ。この時期にすると不幸になる」など。

占いでアドバイスをしても、聞く耳を持たない人や、聞いたことをすぐに忘れる人がたまにいます。おそらく、そういう人に注意を促すという意味で、大げさに言った方がいい時代もあったのでしょう。

しかし、怖がらせて、何もできなくなってしまうのでは本末転倒です。実際に、怖

がるような時期ではありませんし、怖がって何もしないのがいいとは思えません。

僕のアドバイスの根底にあるのは、「行動すること」。

ですから、「何もしないでじっとしていなさい」というアドバイスは、基本的に僕の占いではあり得ません。

自我欲が強い人に、裏運気では「人の話を聞くようにしてください」とアドバイスしたとしても、これは「何もせず黙っていなさい」という意味ではなく、「耳を傾ける」という行動に変えた方がいいですよ、という意味です。

裏運気では、意識を「自分」から「他人」に移すのがコツです。いつも「自分が大事」と思って行動している人は、裏運気では自分を消して「他人のために行動する」。

いつも「自分が前に出たい人」なら、裏運気では自分を消して「他人を立てる」。

では、裏運気にはどんなふうに自分を変えていったらいいか、表運気と比べながら、ポイントをまとめてみましょう。

表運気

- 「己の欲望」に向かって行動しています。
目標を明確にし、それに向かって素直に努力するといいでしょう。
- 自分らしさが出ています。好きなことを「楽しむ」「面白がる」と、持ち前の魅力が輝くでしょう。

裏運気

- 裏運気では「己の欲望」が変わるので、これまでやってこなかったこと、苦手なことや向いていないと思っていたことを体験します。
じつはこれも「隠れた欲望」だったのですが、「表の運気」では気づけずにいました。

裏運気では、裏の顔を出した自分を鍛えることができるので、「筋トレ」と思って着実にこなしていきましょう。

● 裏運気になると、自分らしくいられなくなります。いつもの「我」を通そうとすると風当たりが強くなり、「物事がスムーズに進まない」「トラブルが発生する」「つまずく」「ぶつかる」ことが起こります。こうした現象を受け入れ、そこから学びましょう。その学びが成長につながり、次の運気に役立ってきます。

表の時期が、自分らしく本来の欲望に〝意識せずとも〟向かっていっているとすれば、裏運気は、欲望が変わり、自分らしさも変わるので、「自分らしくないこと」を体験する時期となります。

自分の欲望が何なのか、ふだんは意識していなくても好んで向かっているものがあるはずですから、それを分析、認識することが重要です。

そのうえで「裏の自分を受け入れる」と、運気の波に乗ることができます。ヨットの帆を動かして舵取りをするように、波を乗りこなしていきましょう。

5欲と裏運気の関係

第1章で紹介した「5欲」ですが、いよいよここでは、「裏運気になると、5欲はどう変わるのか」について説明します。

まず、71ページの「あなたの5欲を調べよう！」を見て、自分はどの欲望を強く持っているかを調べてみてください。1つだけでなく、複数の欲望を強く持っている人もいます。一方で「これはない」と思う欲望もあると思います。

5つの欲望の中にも「陰・陽」があります。

陽は「攻めが強い」タイプ。陰は「守りが強い」タイプです。

裏運気になると、まずこの「陰・陽」がひっくり返ります。ふだんが「陽」の人は、同じ欲望の「陰」に、いつもが「陰」なら「陽」に変わります。それに加えて、「自分にない欲望」を押しつけられたりすることがあります。

次のページで、自分の欲望を知り、認めてから、変化を受け入れてみてください。

あなたの5欲を調べよう！

5欲には、「自我欲」「食欲・性欲」「金欲・財欲」「権力・支配欲」「創作欲」があります。自分の欲望、他人の欲望が理解できると、人を受け入れられるようになります。

まずはセルフチェック！

1. P.72〜81の項目で当てはまるものが多いところが、あなたの中にある「強い欲望」です。1つの欲望がとても強い人もいれば、複数の欲望を同じくらいの強さで持っている人もいます。

2. P.180〜216の命数表から、あなたの【命数】を割り出してください。下ひとケタの数字でも「5欲」がわかります。たとえば16の人は、下ひとケタが「6」なので、「金欲・財欲」です。

命数表でチェック！

1 or 2 自我欲
3 or 4 食欲・性欲
5 or 6 金欲・財欲
7 or 8 権力・支配欲
9 or 0 創作欲

3. 2の数字が「奇数」の人は、攻めが強い「陽タイプ」。「偶数」の人は、守りが強い「陰タイプ」となります。裏運気では、同じ欲望の中で「陰・陽」がひっくり返ります。

5欲の関係性

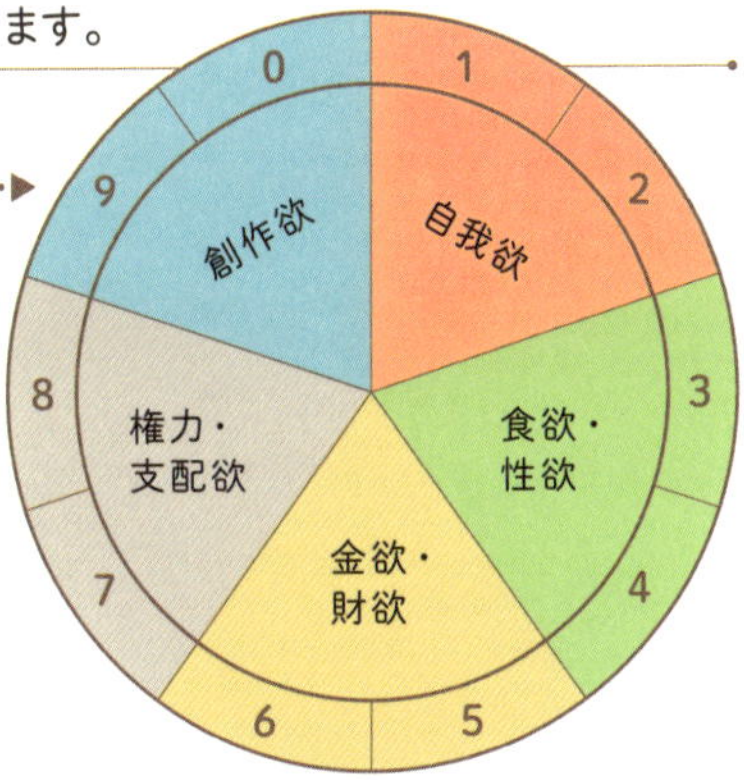

「自我欲」以外の欲を、3つ持っている人は、成功者に多いタイプです！気になる人の欲も調べてみては？

自我欲とは、自我を通したい欲。
または、自分を認めてもらいたい欲。

1

命数の下ひとケタが「1」＝攻めが強い「陽タイプ」

…こんなタイプです…

- □負けず嫌い
- □意地っ張り
- □誰とでも対等
- □頑張り屋
- □自分の力だけで生きている
- □仲間意識が強い
- □反発心がある
- □謝らない
- □サッパリとした性格
- □色気はない

2

命数の下ひとケタが「2」＝守りが強い「陰タイプ」

…こんなタイプです…

- □一発逆転を狙う
- □都合の悪い話は聞かない
- □話の要点をつかむのがうまい
- □野心家
- □頑張りを見せない
- □合理主義
- □団体行動が苦手
- □刺激が好き
- □変化を求める
- □秘めた向上心を持つ

自我欲

□心は高校1年生
□いつまでも青春時代

□やんちゃ
□自棄を起こしやすい

裏運気に起こること①

1↕2の性質がひっくり返る！

アドバイス

1の人は2になり、2の人は1になります。「陰・陽」がひっくり返りますが、変化を受け入れて、そこで学びましょう。

裏運気に起こること②

「他の欲望」を突きつけられる！

アドバイス

「自我欲」以外の欲を突きつけられます。それも勉強です。何事も経験です。自分とは違う欲望を持つ人の気持ちもわかるようになり、違う価値観を持つ人を認められるようになります。

好きな食べ物やセックスなどで快楽を得たい欲。
または、人に快楽を与えたい欲。

3 命数の下ひとケタが「3」＝攻めが強い「陽タイプ」

…こんなタイプです…

- □楽観主義
- □空腹が耐えられない
- □サービス精神が豊富
- □会話が好き
- □人なつっこい
- □素直に愚痴を言う
- □セックスが大好き
- □おだてに弱い
- □太りやすい
- □気分が顔に出る

4 命数の下ひとケタが「4」＝守りが強い「陰タイプ」

…こんなタイプです…

- □おしゃべり
- □短気
- □勘で生きている
- □恩着せがましい
- □芸術的感性を持っている
- □攻撃的
- □人情家
- □直観力がある
- □心に刻む
- □感情的

食欲・性欲

□ポジティブ
□今を楽しむ

□表現力がある
□ドラマティック

裏運気に起こること①

3↕4の性質がひっくり返る！

アドバイス

3の人は4になり、4の人は3になります。「陰・陽」がひっくり返りますが、変化を受け入れて、そこで学びましょう。

裏運気に起こること②

「他の欲望」を突きつけられる！

アドバイス

「食欲・性欲」以外の欲を突きつけられます。それも勉強です。何事も経験です。自分とは違う欲望を持つ人の気持ちもわかるようになり、違う価値観を持つ人を認められるようになります。

お金や価値の高いモノや情報を手に入れたい欲。
または、お金や価値の高いモノや情報を貯めたり、守りたい欲。

5

命数の下ひとケタが
「5」=攻めが強い
「陽タイプ」

…こんなタイプです…

- □情報収集が得意
- □損得勘定をする
- □お金を使うのが好き
- □交際上手
- □フットワークが軽い
- □調子がいい
- □商売人
- □ムダなモノを集めやすい
- □忙しいのが好き
- □計算好き

6

命数の下ひとケタが
「6」=守りが強い
「陰タイプ」

…こんなタイプです…

- □真面目
- □地味
- □小銭が好き
- □努力の人
- □相手に合わせるのがうまい
- □誠実
- □二番手、三番手がいい
- □裏方・サポート役で生きる
- □信頼される人
- □何事も時間はかかる

金欲・財欲

□多趣味・多才
□ギブ&テイクを好む

□目先のお金に弱い
□現実的

裏運気に起こること①

5↕6の性質がひっくり返る！

アドバイス

5の人は6になり、6の人は5になります。「陰・陽」がひっくり返りますが、変化を受け入れて、そこで学びましょう。

裏運気に起こること②

「他の欲望」を突きつけられる！

アドバイス

「金欲・財欲」以外の欲を突きつけられます。それも勉強です。何事も経験です。自分とは違う欲望を持つ人の気持ちもわかるようになり、違う価値観を持つ人を認められるようになります。

人の上に立ってコントロールしたい欲。
または、名サポート役として、
その手腕を認められたい欲。

7

命数の下ひとケタが
「7」＝攻めが強い
「陽タイプ」

…こんなタイプです…

□リーダータイプ
□仕切りたがり
□甘えん坊
□権力者に弱い
□地位を得る
□正義感が強い
□社長タイプ
□せっかち
□行動力がある
□義理人情に厚い

8

命数の下ひとケタが
「8」＝守りが強い
「陰タイプ」

…こんなタイプです…

□上品
□見栄っ張り
□几帳面
□道徳心がある
□常識的
□臆病
□世間体を気にする
□神経質
□繊細
□礼儀正しい

権力・支配欲

□度胸がある
□おだてに弱い

□純愛をする
□後輩タイプ

裏運気に起こること❶

7↕8の性質がひっくり返る！

アドバイス

7の人は8になり、8の人は7になります。「陰・陽」がひっくり返りますが、変化を受け入れて、そこで学びましょう。

裏運気に起こること❷

「他の欲望」を突きつけられる！

アドバイス

「権力・支配欲」以外の欲を突きつけられます。それも勉強です。何事も経験です。自分とは違う欲望を持つ人の気持ちもわかるようになり、違う価値観を持つ人を認められるようになります。

モノやアイデアなどを生み出したい欲。
または、伝統を継承して、
その才能を認められたい欲。

9

命数の下ひとケタが「9」＝攻めが強い
「陽タイプ」

……こんなタイプです……

- □新しいことを生み出す
- □芸術家気質
- □斬新
- □新しい時代を作る
- □屁理屈が多い
- □あまのじゃく
- □変わり者
- □子どもの芸術家
- □知的好奇心が強い
- □発想力が豊か

0

命数の下ひとケタが「0」＝守りが強い
「陰タイプ」

……こんなタイプです……

- □伝統文化が好き
- □大人
- □冷静
- □理論・理屈を通す
- □深く考える
- □古き良きを守る
- □職人気質
- □威圧的
- □評論する
- □他人を小馬鹿にする

□飽きっぽい
□自由人

□先生、師匠
□尊敬しないと他人を受け入れられない

創作欲

裏運気に起こること①

9↕0の性質がひっくり返る！

アドバイス

9の人は0になり、0の人は9になります。「陰・陽」がひっくり返りますが、変化を受け入れて、そこで学びましょう。

裏運気に起こること②

「他の欲望」を突きつけられる！

アドバイス

「創作欲」以外の欲を突きつけられます。それも勉強です。何事も経験です。自分とは違う欲望を持つ人の気持ちもわかるようになり、違う価値観を持つ人を認められるようになります。

じっと我慢していればいいわけではない

自分の欲望やタイプがわかったところで、裏運気には考え方をどう変えればいいのか、そして、どう行動すればいいのかを、具体的な例を挙げて説明します。まずは、「自我欲」と「金欲・財欲」を例に、裏運気に起こりやすい現象を紹介しましょう。

例 自我欲が強い人の場合

- **裏運気に入ると起こること①** → 今までと同じように主張しても、自分の意見が通らなくなる。もしくは、今までのやり方を否定される。いつもの長所が裏目に出る。
- **裏運気に入ると起こること②** → 持っていない欲を押しつけられる。たとえば、人の世話をしたくない場合は、人を管理したり、マネージメントする仕事を課せられる、人の意見を押しつけられる、など。
- **どう考えればいいか** → 自我欲に固執しない。自分をなくし、人の考えをいったん受け入れて考えて、それを叶える喜びを覚える。人にゆずる。自分のことより他人のことを優先する。負けず嫌いを認めて、負けた時は素直に負けを認める。

●どう行動すればいいか　↓　自分に回ってきた「持っていない欲」をいったん受け入れる。そして味わい学ぶ。その欲を面白がる感覚を身に付ける。

例　金欲・財欲が強い人の場合

●裏運気に入ると起こること①　↓　今までと同じように頑張っても、お金が得られなくなる。もしくは、持っているお金を失う。いつもの長所が裏目に出る。

●裏運気に入ると起こること②　↓　持っていない欲を押しつけられる。たとえば、人に興味がない場合は、人が寄ってくる。人につきまとわれる、など。

●どう考えればいいか　↓　金欲に固執しない。お金がなくても楽しいと思う感覚を覚える。自分のためにお金を使わず、ごちそうするなど、人のためにお金を使う。

●どう行動すればいいか　↓　自分に回ってきた「持っていない欲」をいったん受け入れる。そして味わい学ぶ。その欲を面白がる感覚を身に付ける。

いったん受け入れる

2つの例を見て、どちらにも共通していることがあるのに気づきましたか？

ポイントは、後半の2つ。


「もともと持っている欲望に固執しない」

「持っていない欲が来たら、いったん受け入れる。そして面白がる」


これは、「何でも経験してみよう」と思わないと、井の中の蛙（かわず）になり、狭い世界から出られなくなるということへの警告です。「運気の方から新しい世界を差し出してくれている！」くらいの気持ちになって、一度は経験した方が人間の幅が広がります。

表の自分から裏の自分に気持ちを切り替え、「よっしゃ、経験するぞ！」と自分から面白がってみた方が、気持ちに余裕が生まれて、気づくことも多くなります。

このときに、間違えてほしくないのは、

「我慢するわけではない」

ということ。

よく「我慢してじっと堪えていれば、そのうちに幸運が訪れる」と思っている人がいますが、それはちょっと違うのです。

この違いがわかりますか?


ただただじっと堪え忍んでいて、事が過ぎるのを待っているのでは、何もしていないのとさほど変わりません。

また、「こんなに我慢しているのに」と、恨みつらみを募らせていたら、ひがんだり、嫉妬したりする気持ちをつくり出してしまい、むしろ運は悪くなります。

一度は経験したうえで、「やっぱり自分には受け入れられない」と、やらないことや、

やめることを決めたっていいのです。
ただし、「やっぱりこれは違う」と気づくためには、一度は違和感を味わう必要があります。

一度は味わってみることで、「自分には必要ない」「この先の人生において、自分はそれを選ばない」ということに気づくことも重要なこと。ですから、裏運気に経験する違和感は、必要悪なのかもしれません。経験すれば一つ成長できるのです。

そう考えると、裏運気で「持っていない欲」をいったん受け入れて、味わい学ぶ経験は、決して不運ではないということがわかります。

裏の自分をいったん受け入れたうえで、どう捉え、どう決断し、どう変えていくか。

そこが重要になります。覚悟を決めて、責任を背負った人には、裏運気が終わるとともに新しいステージが開けるのです。

真裏の星の性質を使う

ここまでは、「5欲」から、裏運気に起こりやすいことを挙げました。

もう一つ、僕がふだん使っている「五星三心占いの星」からも、どうなるかを紹介しましょう。

●五星三心占いで見る、裏の星とは？（自分の星は、P178で確認できます）

- 金のイルカ → 銀の鳳凰
- 銀のイルカ → 金の鳳凰
- 金のカメレオン → 銀のインディアン
- 銀のカメレオン → 金のインディアン
- 金の時計 → 銀の羅針盤
- 銀の時計 → 金の羅針盤

- 金の鳳凰 → 銀のイルカ
- 銀の鳳凰 → 金のイルカ
- 金のインディアン → 銀のカメレオン
- 銀のインディアン → 金のカメレオン
- 金の羅針盤 → 銀の時計
- 銀の羅針盤 → 金の時計

対向する星が「真裏の星」

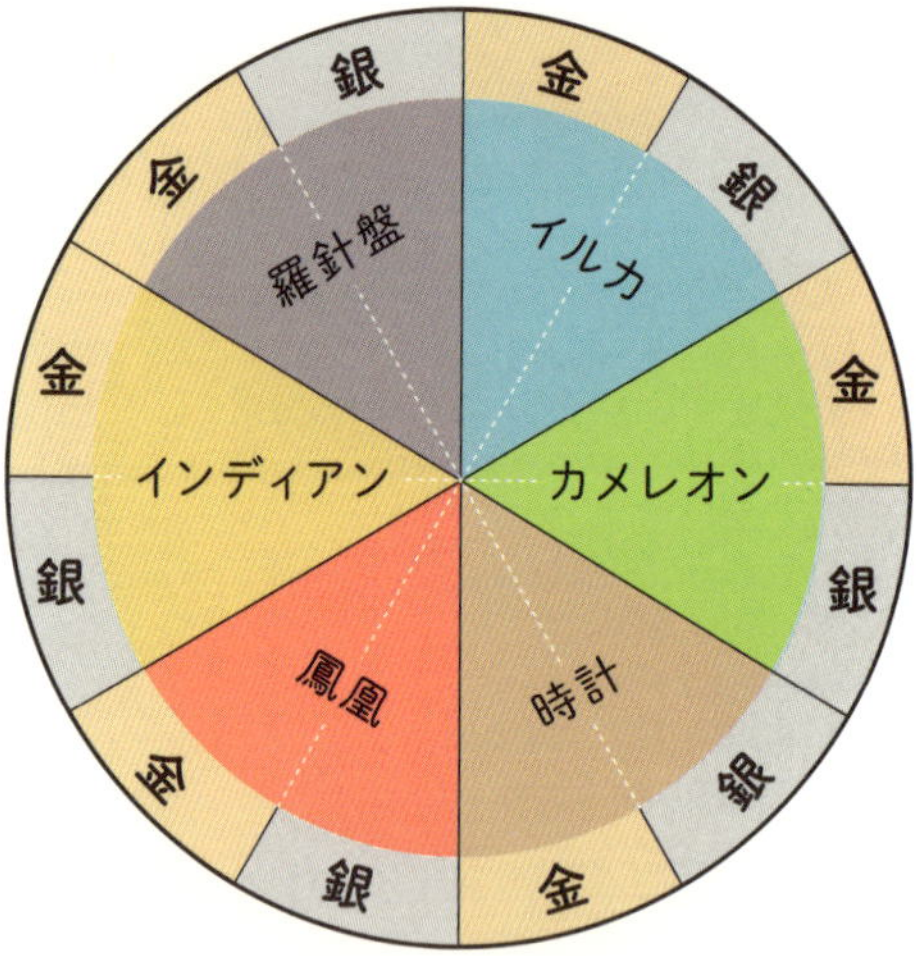

「五星三心占い」では、裏の星が決まっています。それが上の図表です。

第6章でもっと詳しく星ごとにまとめていますが、先に基本をお伝えしましょう。

まず、各星には「金」と「銀」があります。「金」の星の人は、裏運気になると、真裏の星の「銀」になり、「銀」の星の人は、裏運気になると、真裏の星の「金」になります。

「金」は、開放的、積極的、ストレート、陰陽の「陽」。

「銀」は、奥ゆかしい、受け身、婉曲的、陰陽の「陰」。

このような性質を強く持っています。た

だし、星によってその出方は異なり、その星ならではのニュアンスがあります。

では、どんなふうに変わるかを、僕の例でお話しします。

僕は「銀のインディアン」なので、裏運気になると、「金のカメレオン」になります。

「カメレオン」という星は、コツコツと努力を積むことが得意で、計画的で現実的。伝統やブランドなど、確かな価値が認められているものに惹（ひ）かれる傾向があり、勉強好きな頭のいい星です。

一方の「インディアン」は、「カメレオン」の性質とは逆の傾向があります。綿密な計画が組まれることより、どう転ぶかわからないような自由な状態が好きで、流行や情報をつかむのがうまく、楽しい空想や妄想が好き。

そんな「インディアン」が裏運気になると、急に勉強したくなったり、計画を立て

たくなったり、一流のものがいいと思うようになったり、またそんな状況に身を置くようになります。

僕は、高校3年生のときが裏運気でした。
前の本にも書きましたが、それまで大学進学を考えていなかったのですが、裏運気のおかげで急に勉強に目覚め、猛勉強して、大学受験をすることになったのです。
高校1年の頃から大学進学を目指してきた人とは、2年の遅れがあるので、普通の受験生の3倍以上は勉強して追い上げなくてはならず、それは大変な思いをしました。でも、過ぎてみればいい思い出です。思えば、裏運気のおかげで大学に行けたので、裏運気をうまく使えた一つの例かもしれません。

最近では、「裏運気にカメレオンになる」ということがわかっているので、先手を打って、「英会話」の勉強をしています。やる気になって教材を揃えたものの、いざやってみると、やはりコツコツ勉強するのは得意ではないし、全然覚えられないのですが、僕の中では「裏運気は、自分を鍛えるとき」なので、継続は力なりを信じて続けています。そして、「これがどこかで化けるはず」と面白がって取り組んでいます。

真裏の星の人と友だちになるといい

もう一つ、僕のおすすめは、「真裏の星の人と友だちになる」です。

このことに気づかせてくれたのは、五星三心占いで「カメレオン」の友人です。

僕は、先ほどもお伝えした通り、五星三心占いでは「インディアン」なので、裏は「カメレオン」になります。「カメレオン」の友人が裏運気のとき、僕にさまざまな苦労話をしてくれたのですが、それがことごとく「え？　それってすごくいい状況じゃない？」と思えることばかりだったのです。

たとえば、「計画がなかなか決まらない」と、その人は言います。

僕からしたら、「計画でがんじがらめにされるのは苦痛なので、計画なんて決まっていない方がいい。その場の判断で自由に決められた方がいいんじゃない?」と。

続けて、「昔からつるんでいた友だちと離れることになった」と、その人は言います。僕からしたら、「いつも同じ友だちと遊ぶより、新しい知り合いと遊ぶこともしたいので、むしろうれしい状況じゃない? 自分の時間も増えてラッキーじゃない?」と思うわけです。

その「カメレオン」の友人は、「えぇ~!? このつらい状況を求める人がいるとは!」と、信じられないという顔をしていましたが、聞けば聞くほど、僕にとっては望ましい状況で、何がつらいのかわからない。

こんなふうに、裏運気で何だか調子が悪い、望まないことが起こる、というときには、真裏の星の友だちに話を聞いてもらうと、「悪くないかも」と思えます。人によって何が幸せかわからないもんだなぁと、不思議な気持ちにもなれます。

「悪い」と思い込むと、何もかもが悪く見えてきてしまい、落ち込むだけです。

絶望感にはまらずに、視点を変えてみてください。

少なくとも、自分の真裏には、自分が「不幸だ」と思っていることを、「なんて幸せなんだ！」と求めている人がいるのですから、面白いと思いませんか？

裏の星の人は、自分の「裏の顔」

そして、積極的に「裏の星の人を研究する」と楽しくなってきます。

一緒に行動しながら反応を見てみたり、「こんなとき、どう思う？」と質問してみるといいでしょう。

おそらく、自分とは違う答えが返ってくるでしょうし、自分とは違う感じ方をしていることがわかると思いますが、その人は自分の「裏の顔」です。同じような部分を、自分もどこかに持っているのです。

ときどき、占われた人が「言われていることと真逆です」と言うことがありますが、それは「裏の星」の性質が強く出ているのかもしれません。本来どちらの面も持っているのです。

「裏の星の人は、自分の隠れた性質を知る手がかり」だと思って、話をしたり、仲良くしたりしてみると面白いですよ。

また、裏の星の人が評価されているところを見つけて、その部分が出るのはどんなときか、どんな行動パターンでその得意な面を身に付けてきたのかなど、研究対象として見ていくと、自分が裏運気になったときの振る舞い方のヒントが得られます。

6つの星の中では真逆なようで、じつはひっくり返ったら同じだったとは、不思議な話ですよね。「この人は自分かもしれない」という視点で見ていくと、意外と自分にも「あるかも？」と思える面が見つかって興味深いものです。真逆なタイプなのに他人とは思えなくなり、むしろ愛おしくなります。

ぜひ、裏の星の人と仲良くして、研究してみてください。

裏運気には、選ぶものを変える

ビジネス書や自己啓発書をよく読む人は、次のようなことがありませんか？

「この本では、自分のやりたいことを貫け！と言っている。別の本では、人のために生きろ！と言っている。どっちなんだ？」と。

諺にもあります。「鉄は熱いうちに打て」と「急がば回れ」。どっちがいいのか？

正解は、運気のタイミングにより参考になる言葉は変わる、です。

ここにも運気が絡んでくるのです。表の運気と、裏の運気では、選ぶべき言葉は変わってくるし、変えた方がより効果的です。

- 表運気では、自分の欲望を叶えるタイプの言葉を受け入れるといい。
- 裏運気には、いつもは選ばないタイプの言葉を受け入れるといい。

裏運気には、「自分にはこういう欲望はないなぁ」と思うような内容の本、「自分とはタイプが違うなぁ」と思う著者の本や言葉を参考にしてみるといいんです。

つまり裏運気は、「自分の欲望とは合わないなぁ」と思う人の意見が参考になります。「自分とはタイプが違うなぁ」という人が言っていることに従ってみると、思いがけずスムーズに行くことがあり、そこで学ぶことがあります。

ちなみに、裏運気に、いつも通りの好みや嗜好(しこう)で選んだ本やアドバイスの言葉を試すと、どんどん裏目に出てしまうことがあります。いつもの好み、いつもの嗜好で選んだものは、裏運気にはそぐわなくなってくるからです。

運気はつねに動いているので、そのときそのときで、合うものは変わっていきます。このタイミングを知ることが大事で、占いではそれを教えているのです。

長い人生、運気のタイミングに合わせて、両極端な意見を取り入れていけば、年を重ねるにつれ、どちらの考え方も知ることができ、偏りがなくなっていきます。

ですから、裏運気には裏運気のタイミングに沿った行動をすると、それまで受け付けなかった意見や目に入らなかった世界を知ることができ、ためになることが多いのです。

運気のいい人のアドバイスは聞いた方がいい

裏運気には、意外なことに対して運がありますから、これまで興味のなかったことをやってみるといいでしょう。そこで、思わぬ面白さや楽しさを見つけることがあります。「裏運気だからこそ気づける」という面白いタイミングです。

ただし、自分の欲望を出していては、この裏運気の恩恵を受けることができません。

どうすればいいかと言うと、運気のいい人のアドバイスを聞くといいのです。

己の欲望を叶えようと動いてしまうと、裏目に出てしまう運気ですから、己の欲望はいったん脇に置いといて、運気のいい人のサポートをするように動きます。

すると、運気のいい人の流れに乗ることができます。

しかし、ここでもやはり欲望が邪魔をすることがあります。

「運気のいい人と一緒にいた方が得だから。その方がいい運をもらえる」
そう思って運のいい人を狙（ねら）って近づいていくと、相手に見透かされます。また、裏運気を味わわないため、結果的に成長できなくなります。

やはり裏運気の土台には、「裏運気をしっかり受け入れる」ことが大事です。まずは、「自分にとって勉強になることか？」「人のためになることか？」を基準に行動していきましょう。そのうえで、アドバイスをくれる人、意見をくれる人の運気がいいなら、その意見を取り入れてみるのです。

「運気のいい人の欲望のサポートをするといい」――これは、我が強いタイプの人は、今まで「自分のために」と動いてきたので、人の意見に従ったり、人をサポートしたりすることをあまり経験していません。裏運気は「自分を消す」練習ができる時期なので、「人の欲望のサポート」を学ぶ時期が来たと言えるでしょう。

その逆で、いつも人のために動いていて自分を出してこなかった人は、裏運気では自分を出した方がいいのです。今まで他人任せで「自分を出す」という経験をしていないので、ここで経験して学んでいくのです。

たとえば、本当はおいしいお店を探すのが好きなのに、面倒だからと何も主張せずにいた人は、率先して幹事を引き受けて、おいしいお店を教えてあげる。もしくは、自分から何か楽しい集まりを企画して、グルメも楽しんでもらう。この場合も、運気のいい人に意見を聞くと、良いアドバイスがもらえるでしょう。

運気のいい人と「持ちつ、持たれつ」の関係を作っていくといいですよ。

裏運気には、自分を出さない方がいい?

裏運気は、これまでと運気の流れが変わっているので、自分の思い通りにいかないことが増えます。

「それなら、自分を出さない方がいいのでは?」

「運気のいい人の意見に従っていればいいんじゃない？」

そう思うかもしれません。しかし、その考えは自分本位だということが、わかりますか？

安全策を取るなら、それもいいでしょう。しかし、裏運気を意識し過ぎて、自分を守ることばかり考えていては、それはそれで欲望丸出しになっているんです。

自分さえ助かればいい――。そういう思考回路になっています。

裏運気に自分の意見を通したくなったとき。判断ポイントとなるのは、「それは、自分の欲望を叶えるためだけに言っていないか。人のためになると思って言っていることか」の視点です。

僕の場合、ふだんは自我欲がそれほど強くなく、流されて生きているタイプ。「こうしたい、ああしたい」と、自分から強く主張することは少ないのですが、裏運気に入ると、自分から指示することが増えます。「それだと、うまくいかないですよ」「もっとこうした方がいい」などと人に強く言っていました。自分でも主張が強くなっているなぁと感じることがありました。

必要なのはドMの精神

「これは裏運気の現象だな」とわかるので、先に挙げたポイントの「この意見を強く言うことは、相手のためになっているか？」を一歩ひいた視点で考えてみます。自分の意見を通すのではなく、「こうすることで、本当にお客さんのためになるのか？」という視点を持つようにするのです。

また、気をつけていても、裏運気は自分が変わることをコントロールはできないので、自分なりに面白がれる要素も作るようにしています。それは、「ドMの精神で、より大変そうな方を選ぶ」です。

変態なんじゃないかと思いますが（笑）、人の上に立つ人たちを大勢見てきて、この思考回路を持つ人が非常に多くいることに気づきました。事業を起こして成功する人たちは、人の逆をあえて行く精神を持っています。ラクな方を選びません。人がやらない方を選ぶんです。みんながラクをしたがるなら自分は大変なことをしようと、困難にあえて飛び込むタフさを身につけています。

裏運気は学べるときなので、その運気の流れに則って、「よっしゃ、ここでめいっぱい学ぼう!」と大変なことに向かっていくと、自分の中の強さが出てきます。そして大きく成長できるんです。

ところが、実際に大変な状況に陥ると、「はぁ~、休みたい」「きついなぁ~」と、僕だってため息が出ます。そんなときは「つらい、大変というところばかり見ていたら、もっとそうなる」と思って、見方を切り替えるんです。

この本でも、「こういう視点の切り替え術をたくさん持っておくといいよ」と伝えたくて、裏運気とは何なのかを、あらゆる方面から見て語ろうと思いました。

『ゲッターズ飯田の運めくりカレンダー』という日めくりカレンダーがあって、その31日には、こう書いてあります。

「自分の人生を邪魔しているのは自分かもしれない」

31日が来ると、いつもこの言葉を見て、本当にそうだなぁ～と思います。
つらいと思うから、つらくなる。
運が悪いと思うから、もっと悪くなる。
運を悪くしているのは自分だった！
だったら、そう思わなければいいんです。
自分の思考で、自分の邪魔をしているなんて、おかしなものですね。

第4章

裏運気で人生の決断をするときは？

裏運気で人生の決断をすることになったら？

裏運気になると自分がどんな状態になるのか。

それを踏まえて、どう行動すればいいか。

第3章までで、じっと我慢していればいいわけじゃないと、基本は押さえました。

とはいえ、裏運気は通常モードではないわけです。

ふだんの生活でなら、トライ&エラーを繰り返しながら学んでいけばいいと思えますが、これが「人生における大きな決断」だとしたらどうでしょう。欲望が変わっているし、裏の自分になっているわけだし、いつもの感覚で決断してはいけないのではないか？　と不安になりますよね。

✿　✿　✿

そこでこの章では、裏運気においてもっとも気になること、「人生の決断を迫られるタイミングが、ちょうど裏運気まっただ中だったとき」について、どう決断したらいいかをお話しします。

まず、占いでよく質問を受ける項目、「恋愛」「仕事」「お金」「健康」について、裏運気での具体的な行動指針を一つずつお話ししていきましょう。

恋愛

2人の相性が良ければ、裏運気が来てもとくに問題はありません。

しかし、相性が悪いと、裏運気ではトラブルが起こりやすくなります。ですから、「相性と愛情が試される時期」だと思ってください。

裏運気に入ると、2人の間で何も問題がなくても、仕事、人間関係、健康など、ほかの面でつまずきがちになります。そこでたまったストレスや疲れを、気を許せるパートナーについ出してしまう可能性が高いのです。裏運気で大変だとはいえ、パートナーのことを思いやる優しさがあれば、ストレスをぶちまけるようなことをしていいわけがないと自制できるでしょう。万が一、弱さからついぶちまけてしまっても、パートナーに優しさと強さと愛情があれば、受けとめてくれるでしょう。

よくよく考えれば、裏運気に限った話ではありませんよね。ただし、裏運気には、とくにこうした不安定な精神状態になりやすいので、まさに「2人の愛情を試されるとき」と言えます。

また、「裏の顔が出る」という意味では、期待を裏切られるようなことがあるかもしれません。相手のダメなところや、「こんな面があったんだ」と思うようなところを見つけたり、最悪な場合は、浮気や借金が発覚したり……。

つらいかもしれませんが、「早くわかって良かった」と思えるかどうかです。また、こうしたトラブルを乗り越えられるかどうかのテストが次々に出されます。乗り越えれば、2人の関係は新たなステージに進みます。

つまり、運気のいいときは、運にカバーされて守られていたのです。

裏運気には、運のカバーが外れて己がむき出しになるので、ある意味、そこで真価が問われます。

友だちとの関係も同様です。「こんなヤツだったとは！」とショックを受けることがあるかもしれませんが、あなたが勝手に期待を膨らませていただけです。

それに、人はみな多面体です。良い面も必ずあります。裏運気が過ぎれば、また見え方が変わってきます。ですから、いかに己の器を大きくし、良い面を見つけていくかの訓練時期だと言えるでしょう。

出会い

裏運気での出会いは、危うい運気をはらむ可能性が高くなります。「己の欲望が変わる」時期なので、好みが変わっているからです。裏運気のときにいいなぁと思った相手に対して、裏運気が終わると、「どこが良かったんだろう？」と我に返ることがあります。本来は堅実なタイプが好みなのに、危険な香りのするタイプを好きになったりと、いつもなら行かないような相手に、飛び込んでしまいやすいのです。

相手が裏運気だったときも同様で、いつもなら声をかけないような相手に惹かれることがありますが、裏運気が終わると違って見えるので、どこかで気づかされます。

ただし、予想外の出会いもあります。意外な人と仲良くなることもあります。ある意味〝奇跡〟のような出会いのチャンスもあるので、一時の縁かもしれませんが、その縁を楽しみましょう。

結婚

裏運気で結婚すると、離婚率が高くなります（僕の占いでは「解放の時期」に離婚することが多いです）。理由は、出会いの例と同じで、タイプではない人と結婚していることがあるからです。本来選びたい人とは逆のタイプを選んでしまっていることが多く、やはり裏運気が終わると、「あれ、違ったのでは？」となりやすいのです。

もちろん、夫婦は時間とともに、そのあり方が変わっていきます。ですから、「あれ？」

と思っても、日々しっかりと愛情を育んでいて、良いところをたくさん見つけて、2人でやっていくんだという覚悟があれば大丈夫です。

「本来は好みじゃない人が気になる」という裏運気ですが、それは「裏の自分」が求めているわけで、それも自分ではあるのです。裏運気の結婚はこうした現象を踏まえたうえで覚悟を決めることが大切です。とくに裏運気まっただ中に出会い、そこからのスピード結婚は慎重になった方がいいでしょう。

一方で僕は、裏運気の結婚と聞いて、逆に背中を押すときもあります。

それは、通常モードのときにモテないタイプや結婚しにくい人の場合です。その人に結婚したい願望があるなら、裏運気を狙うとすんなり結婚が決まることがあります。

裏運気は、運気のいいときにできないことができるようになる時期なので、ふだんしたいのにできないなら、裏運気でできるようになる可能性が高く、チャンス到来ということになります。ただし、裏運気が終わると気持ちが変わるのは同じなので、「離婚するかもしれない」と思って結婚し、離婚しないように努力すればうまくいきます。

裏運気に結婚するときには、「幸せになれる」と期待し過ぎるとうまくいかず、「裏運気だから、離婚するかもしれない」と思って覚悟しているくらいの方が長続きする、という不思議な傾向があります。

もしくは、相手の運気が良くて、相手からプロポーズを受けたのであれば、その良い運気に任せて大丈夫。裏運気では、相手の良い運気に乗ってみるのはおすすめです。

また、裏運気は、ケンカや別れ話が出やすいということもあります。いつも通りにいかない困難や苦しさから、態度が雑になり、アラが出やすいのです。

これも「恋愛」の項でお伝えした通り、2人への「愛情テスト」みたいなもの。「こんな人だと思わなかった！」と自分が思えば、相手も同じように思っています。

相手だけのせいじゃない、自分がしたことが返ってきているんだと、お互い早くそこに気づかないと、同じことを繰り返すでしょう。

夫婦でお互いの裏運気を認識して、前もって対処法を講じておくのもおすすめです。

出産

問題ありません。裏運気で子どもができる人は、むしろ多いかもしれません。出産は「勉強になること」だからでしょうか。これまで子どもができなかった人が急にできることもあります。子ども自体は別の運気なので、子どもの運が悪くなることはありません。

裏運気で生まれた子どもは育てるのが大変、なんてこともありません。

「裏運気は手のかかる子が生まれそうだからやめておこう」などと考えている親は不幸になります。なぜなら、自分の得しか考えていないから。その精神で子育てをする方が問題です。

子どもには子どもの運気があり、それにより救われる親がいるほどです。

子育ては「親育て」と言われるように、親の成長になることがたくさんあります。

そして、ここで勉強したことは、必ず後で返ってきます。

仕事

仕事においても、予想外の出来事が起こりやすいのが裏運気です。

出世欲のある人が左遷的な人事を受けたり、逆に出世欲のない人がマネージメントを任されたり、または異動や昇進により、安定していたチームの状態が変わったり、これまでやったことのない仕事の担当になったりと波瀾(はらん)万丈です。

希望に反した展開になりやすいので、反発して転職したくなりますが、じつは鍛えられるときなんです。数年後に振り返ってみたとき、「あのとき経験しておいて良かった」と思えるような時期になります。

運気のいいときは、結果も出せるし、評価もされますが、裏運気はそれが叶いません。今まで評価されていた人は、急に評価されなくなり、結果も出なくて苦しみます。

これまで順調に仕事を進めてきた人は、大失敗したり、トラブルが続いたりと、順調ではなくなります。つらい時期ではありますが、この失敗やトラブルが後で役立つのですから、受けとめておくのは悪いことではありません。いずれにせよ、人生の成長過程でいつかは経験することですから。体を壊すほど、心を病むほどでなければ、「これを経験するときなんだな」と思って淡々と乗り越えていきましょう。

対策としては、裏の自分になる時期なので、「いつもと逆の状況が訪れるなら、いつも通りにやっていてはダメだ。逆を行こう」と考えてみてください。

いつもは避けているような仕事をあえて請け負ってみる。興味のない話をあえて受けてみる。「これまでやってこなかったこと」なのでそれなりに苦労しますが、裏運気が終わったら良い結果につながることがあります。裏運気ならではの仕事術です。

起業・新規事業

「儲けよう」としなければうまくいきます。

しかし、そもそも儲けを考えずに起業したり、新規事業を起こしたりする人は少ないでしょうから、端的に言うと、裏運気での起業や新規事業はおすすめしません。

別の言い方をすると、裏運気での起業や新規事業は、博打性が高くなります。大きな夢を描くと痛い目に遭いますが、「苦労してもいい。ダメもとだけど後悔したくないから」と飛び込んだところで、うまくいったりします。「これは大変だな。じゃあ、やろう」という、ロックの精神があるなら楽しめます。

いつもの自分らしさが通用しない時期なので、事業をアピールをするのも難しいかもしれません。自信があることほど裏目に出ます。決断していいかを見極めるポイントは、2～3年前から計画を立てていて、周りからも「やった方がいい」と言われているかどうか。あてにしていたことがうまくいかない、という事態も覚悟しましょう。

覚えておいてほしいのが、裏運気で仕掛けた起業や新規事業がうまくいった場合、3～4年後に軌道修正する必要がある、ということ。

裏運気が終わると、また運気が変わるので、裏運気でうまくいったことが、逆の流れ……つまり、うまくいかない流れに変わるからです。

たとえば、「カフェを始めます」と裏運気に店を出したとしたら、3～4年後に「居酒屋に変えます」くらいにガラッと軌道修正した方が良く、いつまでもカフェにこだわっていると、そのまま落ち込んでしまいます。

また、裏運気の起業や新規事業は、うまくいったとしても、その人にとって何かしら課題は出てきます。表の運気で経験してこなかったことが押し寄せてくるので、それをクリアしていくことにはなります。ここを着々とこなしていけば、3〜4年後の軌道修正でいい流れに乗ることができます。

転職・引き抜き・オイシイ話

「良い条件での引き抜きの話があり、行きたいが、裏運気のまっただ中」という場合。

チャンスをつかみたい気持ちはわかりますが、裏運気でそれをするのは大変危険です。

なぜなら、「良い条件」に引っかかるということは、欲が出ているからです。

裏運気は、欲望が裏目に出るので、欲が出ると危険なのです。「一見条件の良さそうな転職話」「オイシイ話」「儲け話」「誘惑」「甘い話」などは注意してください。大失敗する危険をはらんでいます。

見極めポイントは、「チャンスだ！」と思ったら、それは注意した方がいいということ。

すぐに話に乗らず、一度立ち止まって、よく考えてみてください。

オイシイ持ち込み話を、今ある仕事と天秤にかけて、「こっちの方が得だから」と、今の仕事をないがしろにして飛びつくのはもってのほか。今ある仕事や、これまでの人間関係を裏切ってはいけません。これも裏運気において大切なことです。

引っ越し

引っ越しは、「長く住まない」という前提でならかまいません。

裏運気の間だけ、いつもなら選ばないようなところに住んで、裏運気が終わったらまた引っ越す、というのなら問題ありません。

考え方の基本は、「起業・新規事業」の項でお伝えしたように、「裏運気で実行したことは、3～4年後に軌道修正する」です。

ただし、転勤や家族の事情など、人の運気に従っての引っ越しは大丈夫です。裏運気では、人の運気に乗ることが、自分の欲望を上手に消すコツになりますから。

家を買う、建てる

家を買う、土地を買う、マンション購入などは避けた方がいいでしょう。

これは僕が占いで見てきた例からしても、おすすめできません。

繰り返しになりますが、裏運気の行動は「裏運気が終わったらまた変える」が前提です。不動産は読んで字のごとく「不動」です。簡単には動かせないので注意が必要。後で損したり、大変な状況になったりしやすいのです。

不動産を売るのも、おすすめできません。大変な思いをしている例が多数あります。

お金

「仕事」の項とほぼ同じですが、裏運気では「儲け話」に乗ってはいけません。

宝くじ、博打は、裏運気は当たりやすいと言われますが、たとえ一度当たっても、そこにはまって不幸になるので、やめておいた方がいいでしょう。裏運気で「ラクして儲ける」という欲望を叶えているので、いずれその真逆の状態が訪れます。つまり「苦労しても儲からない」が運気のベースになってしまうのです。

裏運気には、「お金は人のために使う」と考えるといいでしょう。お世話になっている人に恩返しする、困っている人を助ける、寄付をする、大切な人にちょっとしたプレゼントをする……。「人のため」を楽しみましょう。

そして裏運気には、「自分の欲望のためにお金を使わない」と覚えておきましょう。

人生の大逆転

裏運気の使い方に、「守ってきたものを壊す」という方法があります。

今までの人生が最悪で、仕事も収入も恋愛もすべてがうまくいかない、今までの自分を捨てて生まれ変わりたい、というときには裏運気が使えます。

どうすればいいかと言うと、これまでの友だち全員と縁を切って、スマホに登録しているアドレスや電話番号を全部消去して、見知らぬ土地へ引っ越して、親の援助も絶って、何もないところで自力で人生をリスタートさせるのです。これまで守ってきたものを破壊してください。

理論的には、今までの人生が最悪なら、それを守っていても仕方がないわけで、「壊せばいい」というサインが出ているんです。裏運気はいつもの逆に行った方がいいのですから、今まで守ってきてうまくいっていないなら、壊した方がいいでしょう。

ただし、安定を望む人は守った方がいいでしょう。守るものがある人も、自分勝手に壊してしまっていいか、責任を背負えるかどうか、よく考えて実行してください。

健康

裏運気において、もっとも出やすいのが健康面の問題です。

当たり前だったことがひっくり返るので、これまで健康だった人ほど、裏運気でその健康が崩れやすくなります。心身ともにほころびが現れる時期なんです。健康だけは、前もってできることは何でもしておいた方がいい、と言っておきます。裏運気に入る1年前くらいから、日常的なケア、検査、予防などを始めておきましょう。裏運気に入ってからでは遅いのです。

ポジティブに捉えれば、「健康面のメンテナンスをしてください」とお知らせが来る、という意味でもあります。自分の体を見直してみる良い機会です。

また、自分ではなく、親や家族など、周囲の人が健康を害することもあります。

実際に、裏運気に親の介護が始まる人が多く、親が入院した、親が倒れた、などもよくあります。

これは、今まで当たり前だったことがひっくり返る現象の一つで、「恩返しする時期ですよ」というお知らせでもあります。今までたくさんのことをしてもらった、与えてもらった親や家族に、恩を返していく時期が来たのです。

親孝行できなかったと後悔する前に、しっかりと恩を返してあげてください。

裏運気と知らずに決断していた場合、どうすればいい?

この本を読んでいる人の中には、「裏運気と知らずに、思いっきり欲望を重視して決断してしまっていた!」という人もいるのではないでしょうか。

では、裏運気に欲望全開で決断してしまった場合、どうすればいいかをお伝えします。

すでに各項目でもお伝えしていますが、「裏運気が終わったところで、軌道修正する」です。

表運気に戻ったら切り替えのタイミングがあるので、そこで裏運気の流れを思い切って変えます。すると、表のいい運気の波に乗れます。

裏運気と知らずに結婚していた場合、切り替えるために離婚しなさい、という意味ではありません。一番いいのは引っ越しです。裏運気が終わるタイミングで引っ越しをして、生活を思い切って変えるのです。生活が変われば、習慣が変わり、夫婦の関係にも変化が起こせます。これが一番手軽にできる切り替え方法です。

裏運気と知らずに転職してしまった場合、またすぐ転職するわけにはいきませんし、やりたかった仕事に就けたのなら、部署異動願いを出す、新しいプロジェクトに参加するなど、裏運気にやってきた仕事とは違ったことを始めてみてください。

すると、新しい運気の波に乗れます。

しかしここで注意してほしいのが、何度も言いますが「我欲を出さない」こと。

そもそも運気をコントロールしようと思うこと自体が、「自分さえ良ければいい」

という我欲を前面に出した考え方です。運気を自分に都合良くどうこうしようとするのではなく、「運気には流れというものがある。そこに素直に乗っていけば、自分に必要なことが起こるし、それが成長するための課題なんだ」と受け取ってください。

誰だって良い運をつかみたいんです。

しかし、ずっと運がいい状態が続くなんてことはあり得ません。だからこそ、裏運気を自分で楽しくして、面白がって経験を積んでいくのです。

運が良くならない人の特徴

僕はこの本で、「運気の流れはあるので、運のせいにすることもできますが、それを繰り返していたら成長しない」ということは、きちんと伝えておきたいと思います。

だからと言って、「つらいことがあっても、運が悪いと言うな!」と、根性論や精神論を説いているわけではありません。「運が悪かったんだから、仕方がない」と思ってもいいんです。

ただしその一方で、「運が悪いのは、どこか自分に原因があるのかもしれない」という視点も持った方がいい、ということです。自分を責めてばかりではいけませんが、この視点をまったく持たずに「寝たらすぐ忘れるから大丈夫！」という責任感のなさで生きていると、その先で大きな落とし穴に落ちて、結局はそこで気づかされます。「もっと周囲をよく見て、よく考えて」というサインだと気づきましょう。

自分の気分ばかりを大切にしないで、その不運から卒業する根本解決をしましょう。プライドが傷つかないように運のせいにして、自分の非を認めずに流すのか、自分の足りないところに目を向けるのか。

前者と後者では、歴然とした差が開きます。

占いをしながら、いろんなタイプの人の相談にのっていると、「どうも運が悪くて……」と、運のせいにしたり、言い訳したりして、プライドを守ることに一生懸命になって、己の悪いところを見ようとせずに同じことを繰り返している人と出会います。

裏運気では、見たくないところを見せられるので、グサッと刺されるような痛みを感じるのは仕方のないこと。しかし、裏運気はいつかは必ず終わります。

時間が経てば傷は癒え、痛みも自然と回復していきますから安心してください。

物事をどう捉えるかはその人の自由ですが、僕自身は、状況を変えたいなら自分が変わるしかないと思っています。裏運気で痛みを感じても、それは通過儀礼のようなもの。痛みをケアしつつ、「自分にも何か原因があるのかもしれないな」とか、「以前の行いが悪かったんだな」などと、客観的な視点を持って、至らなかった部分を反省し、繰り返さないようにすることが大切です。

裏運気で起こるトラブルは、運気のいいときには気づけなかった自分の問題点を教えてくれるもの。じつは、運気のいいときにくすぶっていた問題点でもあるんです。

人生は2択

占いでアドバイスをしても、「それ、やりたくない」「できるわけない」と、反射的に反発する人がいます。裏運気はとくに、これまでの自分とは違う自分になるので、裏運気特有のアドバイスは、受け入れるまでに反発や葛藤が出るでしょう。

つい反発が出てしまうのは仕方がないところもありますが、そのまま反発し続けてひねくれるか、「やってみて話のネタにしよう」と笑って受け入れるか。どちらに振れるか、わずかな違いです。それでも、やらないのと、やってみるのとでは大違いで、人生って何でも「2択」なんです。

先日、やっぱり占いは面白いなぁと思った話がありました。

「ケーキにイチゴをのせる仕事をしている」と話してくれた関西の女性からの報告です。彼女は仕事が面白くなくて、「こんなロボットみたいな仕事、やってられるか！」

といつも思っていたそうです。とはいえ、仕事を簡単には辞められません。

そんなとき、僕のＬＩＮＥ（公式アカウント）から送られてくる「感謝が足りない人は、心も生活も考えも貧しくなる」とか、「笑顔でいると運はやって来る。人の見ていないところでも笑顔でいると、もっと大きな幸運がやって来る」といった言葉を見て、「何言うてんねん！ゲッターズ！」と思っていたそうです。

僕の公式ＬＩＮＥは毎日2通、どんどん届きますから、少なくとも1日に2回、メッセージが届く度に「何が笑顔だ！　何が感謝だ！」と反発していたんでしょうね。

あるとき、「思うだけで良ければ、思ったるわ！」と逆ギレ状態になり、「このケーキを子どもたちが食べているのかな？」「このケーキをおばあちゃんも食べているのかな？」「笑顔で食べてるんだろうな？」などと思っていたら、なんと！

3か月経ったときに、何年も上がらなかった時給が上がったそうです。

しかも、そのあと半年で、パート社員から正社員になったとか！

正社員にしてくれとは以前から言っていたようですが、このタイミングで連続していいことが重なったのは、運の積み重ねと運の流れなんだと思います。

占いは、栄養補給ドリンクではありません。

飲んですぐ効くことはまれで、じわじわと効いてくる漢方薬みたいなものです。

人により効果の出てくるタイミングは異なりますが、ある程度は時間がかかります。

反発してもいいんです。反発しながらでも行動してくれれば。行動しているうちに気持ちが変わりますから。


ケーキ工場で働いていた女性は、反発しながらも「思うだけでいいなら、思う！」と行動を変えました。納得しているわけではないので、最初は形だけの行動です。

ところが、思っているうちに本人が笑顔になっていき、態度が変わっていき、工場長に伝わったんでしょうね。


人生は2択です。

やるか、やらないか。その2つだけ。中間はないんです。

「挨拶しましょう」と言われて、小さな声で挨拶しても、相手に聞こえていなければ、それは挨拶したことになりません。いくら本人が「挨拶した」と言っても、相手に伝わっていなければ、挨拶していないのと同じになってしまいます。

「笑顔で！」と言われて、曖昧（あいまい）な笑顔をしても、
相手には不可思議な（あるいは、不気味な）顔に見えるだけです。
これも笑顔になっていません。

やるか、やらないか。
一方は運が良くなり、一方は運が悪くなる。
運も2択です。
中途半端にやるのも、曖昧にやるのも、
伝わらないやり方ではもったいない！
やるならやると覚悟を決めて、
思い切りやりましょう。

身近な人が裏運気のときは、どう接したらいい？

第3章で、「運気のいい人のアドバイスを聞くといい」と言いましたが、逆に、運気の悪い人が身近にいたら、どう接するのがいいと思いますか？

明らかな間違いは、「悪い運気が伝染るから近づかない方がいい」という答えです。

ここまで読んだ人ならわかると思いますが、これは「自分さえ良ければいい」の考え方。こういう人は幸せにはなれません。

自分がもし、そんな態度を取られたらどう思うかを考えてみれば明らかです。

「裏運気の人を助けてあげる」

この答えも間違いです。

一見、良さそうに思えますが、助けてしまってはダメなんです。裏運気は、その人が足りなかったところ、経験した方がいいことに取り組む時期ですから、他人が助けては、その人が課題をクリアできなくなってしまいます。

たとえるなら、1000本ノックを受けている人のところに、横入りして500本取ってしまうようなもの。監督からしたら、「いやいや、あなたじゃないから邪魔しないで」と言いたくなります。本人にとっても、成長したいと思っているのに、甘やかされては伸びなくなります。

正解は、「生きるのに苦しくなっているときは助ける。ただし、手助けし過ぎてはいけない。基本的には優しく見守る」です。

裏運気の人の中には、苦しいなと思いながらも、学べているとわかっている人もいます。万が一、その人が食事もとれなくなるほど苦しんでいるようだったら、手助けしてあげなくてはいけません。生きられなくなってはダメですから。

健康そうなら、「この経験は学びであり、幸せにつながるんだよ」と暗に教えてあげるといいでしょう。たまに愚痴や弱音を聞いてあげましょう。そして、「そういうときもあるさ」と笑い飛ばしてあげましょう。前向きに取り組めるよう、元気づけたり、励ましたりしてあげてください。
身近な人が裏運気のときは、その人にとって本当の優しさとは何かをよく考えて接することを、僕からもお願いします。

裏運気がつらくなったら

裏運気の共通点として出やすいのが、健康面での問題です。どの星、どの欲望タイプの人も、何かしら変化が起こりやすいのです。もし、不規則で不健康な生活をしているなら、裏運気に入る前に改め、ストレス状態が続いているなら、早めに生活を見直してください。

運の周期を12年周期だと考えて、仮に100歳まで生きるとしたら、12年×8回で96歳ですから、約8周は運気のサイクルを繰り返します。このとき、単にグルグ

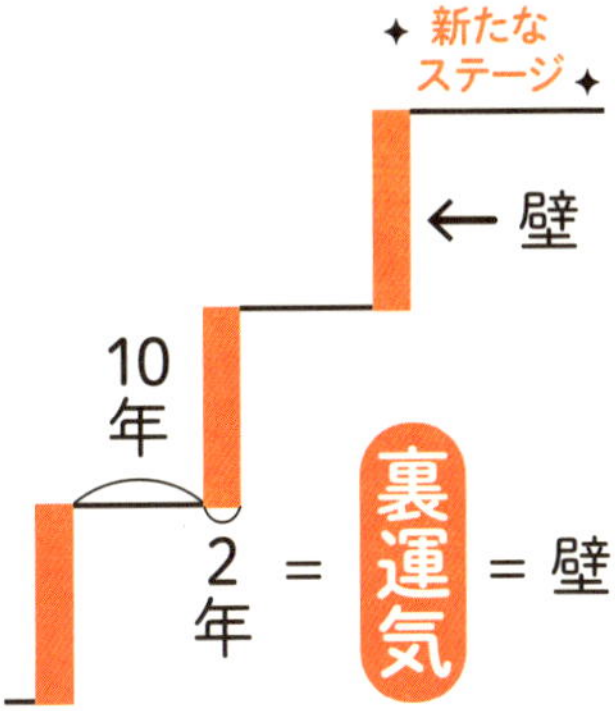

ルと同じところを繰り返しているわけではなく、1周して裏運気を終えたときに、ステージが変わります。どれだけ経験を積んで、どれだけ実践を積み重ねて学んだかという成長度合いによってステージは変わっていきます。

運は、実力主義のシステムです。

12年間何もしていない人はいませんから、それなりにステージは変わっていきますが、誰もが同じ道を上がるように変わっていくわけではありません。

成長とは、「積み重ねていくもの」ですが、人によりその積み重ね方は異なります。自分らしい人生を作っていくための経験の積み重ねをしていくので、他人と比べても部分的にしか参考になりません。どちらが優れていて、どちらが劣っているとか、良いとか悪いとか、上とか下とか、勝ち負けといった比べ方はできないのです。

ですから、焦ることはありません。

僕は、「たまの無茶はしてみるものだけど、無理は続かない」とよく言います。

裏運気になると、停滞感を感じることもありますが、焦らずに「無茶なのか、無理なのか」をよく見極めてください。自らの無理を知り、できる範囲で最大の力を出していけば、少しずつ自分のステージは変化していきます。


つらくて動けないときには、頑張っている人を見てください。

もしくは、一流のものに触れてみてください。

そこには、実力を積み重ねた姿があります。

元気な人からパワーをもらい、運に栄養を与えてあげましょう。すぐに動くことができなくても、希望の地図を描くことはできます。ときに立ち止まって軌道修正することも必要なことです。体を休めることと、怠けることは違うのです。


たとえ、資格を取るために無理をして勉強しても、資格を取って終わりでは、実力もそこまでです。それなら資格がなくても、ずっと実践を続けている人の方が実力はつきます。僕はずっと続けられることを見つけて、そちらの道を進んだ方が有意義だと思います。無理をすると、行き止まりの道ばかりを作ることになるんです。

裏運気に体調を崩して休むことを強いられても、それも経験の一つです。体の状態を見直し、健康を維持していくにはどうしたらいいかを裏運気で学んでいるのです。運を動かすには行動が欠かせませんが、行動するには健康が必須です。自分の体を見直し、体に合ったペースを作るのも、裏運気の学びの一つなんですね。

言ってもらえる幸せがある

12年の周期では裏運気に入っていなくても、裏運気のサイクルは12日単位で2日、24時間単位でも4時間ありますし、運気は日々動いています。こうした小さな単位での裏運気の過ごし方を意識していくことで、小さな改善が積み重なり、大きな困難に陥らないための訓練ができます。

小さな裏運気を知るきっかけは「運気の乱れを感じたとき」です。

以前、SNSで「運気が乱れやすい人の特徴」を5つ挙げたところ、反響が大きかったので、解説付きで改善策を考えてみます。

運気が乱れやすい人の特徴

❶ 日々掃除はしないが、ある日突然キレイにする。

❷ スケジュール帳は書くが確認しない。

❸ 財布にお札よりレシートがいっぱいある。

❹ 怒ったことやへこんだことを、寝ると忘れて、同じ失敗を繰り返す。

❺ 口癖は「眠い、だるい、何かいいことないかな、宝くじ当たらないかな」。

❶は、気分に左右される人です。言い訳が多いはずです。日々掃除をした方がいいとわかっているのに、怠け者なのでやらない。突然キレイにして「やればできる」と思い込み、「やればできるけど、今はやらない」と、サボる言い訳をしていますよね。半面、会社や公共機関などでは率先してキレイにしたりして、外面（そとづら）がいいのも特徴です。気分に左右される人は周囲を不安にさせますから、信用が薄れて、ますます運気は乱れやすくなるでしょう。

❷は、真面目なようで、責任感のない人です。書いても読み返さないのは、書いたことで安心し切って大切なことを雑に扱っているんです。読み返すために書いているのに、読み返さないのは、真剣に考えていないんですよね。何のために書いているのか、意味を考えずにただやっているだけ。きっと目的をよく考えずにやっていることがほかにもあるのではないでしょうか。

❸は、乱雑な人です。確認しない、行き当たりばったり、見返すことをしないから反省も分析もできない、学ばない人です。お財布がレシートでパンパンになっている

のを気持ち悪いと思わないのは、感覚がおかしくなっている証拠。整理整頓が苦手で、やりっ放し、身のまわりが乱れていても平気な人ですから、運気も乱れます。

❹は、自己中心的な人です。自分がしたことに対して責任感がなく、いい加減なので、反省する気がないんです。失敗やミスを突きつけられるのがイヤで逃げているだけです。周囲の人に呆れられて、次第に見放されます。周りはどんどん前に進んでいるので、いつまでも同じミスを繰り返している人に付き合っていられませんからね。

❺は、他力本願な人です。文句ばかり言って、自分で変えようとしない。不平不満を言うことでストレスを発散して、自分は悪くない、誰かがやってくれないかなと、責任を背負う気がないんです。夢見ているだけの怠け者です。

だいぶきつい調子で書きましたが、裏運気では、こうした「運気の乱れやすい行動」が、自分のアラとなって他人の目に映るようになります。

これまで運良くすり抜けてきたことが、裏運気ではそうはいかなくなり、「あなたに足りないところ」として目の前に突きつけられます。

裏運気は、自分のできていないことを突きつけられてイヤな思いをするから、「運が悪い時期」と言われていたんでしょうね。見たくないことですし、へこみますが、ここで言ってもらえてラッキーなんですよ。

言ってもらえる幸せ、言ってもらえない不幸ってあります。「好きの反対は無関心」と言いますが、誰からも何も言われなくなったら、それは不幸の始まりです。人から見放され、人とのつながりがなくなっていき、不運の道へ進んでしまいます。

❶〜❺のほとんどが「責任感のなさ、自分本位な振る舞い」と言えますが、指摘されたことをしっかり胸に刻んで応えていけばいいんです。ここで変えるチャンスがやって来たのですから、謙虚に受けとめて、改めていきましょう。

裏運気には、弱みを見せてください。

「そういうところもあるよ」

「誰もが完璧じゃないよ」

という面を見せる時期だと思えばいいんです。

弱い自分を見せて、完璧ではない自分を見せて、許してくれる人、助けてくれる人を、その人が裏運気で調子の悪いときには助けてください。そうして人との関わりが強くなれば、「お互いさま」であることを知るでしょう。「お互いさま」の精神があれば、誰かが裏運気になったときに、表の運気の人がまた教えてあげる。こうして運のキャッチボールができるのです。

第5章

裏運気に隠された意味

当たり前だったことが、当たり前ではなくなる時期

ここまで裏運気の話を読んでみて、「やっぱり裏運気は大変な時期じゃないか」と思う人もいるかもしれません。今までにない状況や、今までの自分が通用しなくなるので、大変と言えば大変。

一方で、今までの自分ではあり得ない経験もできるので、面白いと言えば面白い。

そこでこの章では、「裏運気があることの幸せ」を紹介していきます。ここを読めば、人によっては今までの考えがガラリと変わるかもしれません。「悪い時期」という刷り込みで不幸に陥らないためにも、できるだけ多くの側面に光を当ててみます。

この本を出す理由に、「運気が『良い、悪い』という言い方を変えたい」と書きました。

なぜなら、「悪い」の言葉にとらわれて動けなくなる人が多いから。運気を言い訳に努力を怠れば、人は成長しなくなるし、それでは人を不幸にしてしまう。

いろいろな表現を考えました。

「欲望が変わる」

「裏の自分が出る」

もしかすると一番実感しやすいのが、「当たり前が得られなくなる」という表現かもしれません。

僕はよく「当たり前だと思ったら、それは感謝すること」と言っていますが、裏運気には、当たり前だった健康を損ねたり、当たり前にいてくれた親、家族、パートナーとの間で変化が起こったりするため、当たり前だった今までに感謝の念が湧きます。

裏運気で状況が変わるからこそ、気づけることもあるのです。これまでがどんなに幸せだったかと、裏運気が教えてくれているのです。

しかし、当たり前が失われてから感謝するのでは遅いこともあります。

失う前に気づくコツは、「人に話す」こと。「最近こんな状況で大変なんだ」と話せば、自分では当たり前だと思っていたことを、他人は客観的に見て、「また同じパターンじゃない？」「それは自分が悪いよ」などと、当たり前にしていた悪い習慣に気づかせてくれるでしょう。

そして、これまで当たり前に生きてこられたこと自体が、すべてありがたいことだったと気づけたら、感謝してください。感謝したらその感謝の気持ちを、当たり前を与えてくれていた人に伝えてください。それが裏運気の運を良くする行動の一つです。

今まで見えなかったものが見える時期

裏運気の人間関係において、出やすい傾向をお伝えしましょう。

裏運気は、「他人のアラが見える時期」。

同時に、「自分のアラも見えてしまう時期」です。

僕自身の話ですが、五星三心占いで「インディアン」という星は、ふだんはたくさんの友だちはいらないタイプ。これが裏運気になると、かつての知り合いや友だちが寄ってきて、誘いが多くなります。「そういう時期なんだな」と話を受けますが、裏運気だけにトラブルが起こることも多く、そんなときに相手のアラが見えるんです。

「あれ？　こんな雑な感じの人だったっけ？」

「意外と人を大切にしないタイプなんだ」

などと、今まで抱いていた良い印象が変わってしまうことがあります。

おそらく、相手からも、僕のアラが見えているはずです。「あれ？　こんな人だっけ？」と。

つまり、運気のいいときは、自分の調子がいいから、人のことも良く見える。

ところが裏運気になると、自分の調子が悪くなるので、人の悪いところが見える。

焦点が、マイナスの方に合ってしまうんです。

また、裏運気に入ると、ふだんがポジティブな人は、ネガティブな視点に変わりやすい。一方で、ふだんがネガティブな人は、ポジティブな視点に変わりやすい。

ネガティブな方向に焦点を合わせると、人を批判しやすくなり、批判的な態度になるせいで、自分も批判されやすくなります。

相手のダメなところが見えるということは、ポジティブに捉えれば、「相手の本性が見える」ということ。「本性がわかって良かったね」という時期でもあるんです。付き合いを続けるにしても、本性をちゃんとわかったうえでの関係にリセットできるので、むしろいいことかもしれません。

もう一つ面白いのが、ここで相手に「ダメだな、イヤだな」と感じた部分は、自分も同じように持っている、ということです。自分にもあるから反応するわけで、「自分にも同じようなところがあるな」と、ふだん隠れている自分のダメなところに気づかせてもらえるいい時期です。気づければ、相手を許すこともできるのです。

自分の適性を知ることができる時期

裏運気は、誰にでもあります。

僕も、知人や友人が裏運気とわかった場合には、「困難が出てくるかもしれないけど、そこで勉強できますよ」とアドバイスすることが多いのですが、不思議なことに、裏運気で落ちる人と、落ちない人がいることもわかってきました。

裏運気で落ちない人に、共通することがあります。

それは、表運気のときに、他人のために何かをしてきた人です。

表の運気では、欲望に向かってガツガツと行動しても運がカバーしてくれるので生きやすいんです。そんな自分らしくいられる表運気のときでさえも、人のために生きていると、裏運気に入って困難が訪れたときに、運のいい人たちが助けてくれるんです。

逆に言えば、裏運気は、いざというときに助けてくれる人がわかる時期でもあります。

これもある種、裏運気の逆転現象の一つかもしれません。

- ふだん人を助けている人が、裏運気では助けてもらうことになる。
- ふだん人を助けていない人は、裏運気では人のために動くことになる。

つまり、表運気の時期にしてきたことの「結果が出る」時期。

それが裏運気です。表運気のときの〝通信簿〟を渡されるんですね。

自分が調子のいいときに、欲望を満たすことばかりに夢中で、人を助けなかったり、人に対してひどい態度を取っていたりすれば、当然、自分が困っているときに助けてもらえるはずがありません。

自分が調子のいいときに、損得で人を判断していれば、当然、自分が調子の悪いときにも損得で判断され、「調子が悪いあなた＝損な人」と見なされます。

自分がしたことは返ってくると言われますが、裏運気にそれを突きつけられるのかもしれません。とはいえ、別の見方をすれば、これまでの努力や積んできた徳が結果として現れる時期と言えるかもしれません。

人は1人では生きられません。

裏運気は、他人のありがたさに気づける時期でもあるんですね。

困難を体験するほど上がれる時期

運気の法則でもう一つ言えるのは、「大きな成功をつかむ人は、それと匹敵するくらいの大きな困難も経験している」ということです。

やはり、ここでも陰陽のバランスが取れているんです。運気の波がグンと下がるような経験をしている人は、グンと上がるような経験もするのです。

そして、運気の波が大きい人は、メンタルが強い。

きっと体感的に、「落ちたら、また上がれる」とポジティブに考えられるから、落ちたままにならないし、実際に上がった経験をしているので、「ここで落ちたってことは、次に上がれる前兆だ」という思考回路になるのです。

逆に、浮き沈みが少ない人ほど、メンタルが弱い。

平均的な運気で大きな波がないから、波が怖くなってしまい、ネガティブな心配ばかりするようになるのです。怖いから動かない。動かないから怖くなる。

そして、どんどんひ弱になっていきます。平々凡々が幸せだと言う人もいますが、自分を鍛える機会がないので、ひ弱になる循環に入ってしまうのです。


前著『ゲッターズ飯田の縁のつかみ方』で、貧乏神、疫病神(やくびょうがみ)の話をしました。

「今、貧乏なのは、貧乏神がついているからだ。神様がついているってことは良くなる前触れだ。自分はなんて運がいいんだ！」

と考えるのが成功者です。じつは裏運気に対しても、まったく同じ理論です。

「裏運気で、大変なことがあった。ということは、それだけ大きな幸運が訪れる前触れってことだ。困難が大きければ大きいほど、次に来る幸せも大きいという兆しだ」

そう考えられる人は、幸せを手にします。

裏運気で大変な経験をした方がいいんです。強くなれますし、他人の本性もわかり、自分の執着にも気づけます。裏運気は人間にあるべくしてあるものなんでしょうね。

価値観や世界が広がり、新たな自分に気づける時期

これまで「運気の悪い時期」などと、嫌われるレッテルを貼られてきた裏運気ですが、そんなことはないとわかっていただけたでしょうか。
最後に、裏運気のいいところをもっと挙げていきましょう。

まず、裏運気を前向きに捉えて体験すれば、「イヤだな」と思うことをなくせます。どういうことかというと、「イヤだな」と思うことって、じつは欲望だからです。隠れた欲望と言った方がいいかもしれません。

「嫌いは好きの裏返し」と言うように、「イヤだ」という感情は、どこかに強くこだわっている欲望があるから、それとの引っ張り合いで強くなっているのです。

たとえば、裏運気にやむを得ない事情があって収入が減ったとします。収入が減ればたいていの人はイヤでしょうが、いつまでも「イヤだった」というネガティブな感情を引きずるようであれば、それだけお金にこだわりがあるということです。

もしかしたら、自分ではお金にガツガツしているタイプではない、と思っていたかもしれません。いえいえ、お金に対する欲望が強くない人は、そのときは残念に思ったとしても、すぐに忘れてしまうか、「まぁ、いっか」と明るく手放せます。引っかかるということは、そこにこだわっているのです。

ほかの例も挙げておきましょう。

野球が好きで、野球の記事を書いていたライターさんがいました。評価も高く、仕事は順調でしたが、裏運気に突然サッカーの仕事が舞い込みました。しかし、そのライターさんは「自分は野球なのに！」と、一瞬イヤだなと思ってしまいました。依頼主に詳しく聞いてみると、「野球であんなにいい記事が書けるんだから、その感性を違うスポーツにも広げてほしい」という前向きなアプローチだったのです。

✿✿✿

何か新しいことに対して、「面白そう！」という反応が出るか、「イヤだな」という反応が出るかで、自分のこだわっている部分がわかります。

こだわることは決して悪くはないのですが、こだわりを外すと、自分の世界がグンと広がることがあるんです。そんな局面が裏運気ではよく訪れるので、僕なんかはもう「何が来るかな？」「イヤな思いをするとしたら、これかな？」「あ、これだな！」などと、ゲームの中で自分のアバターを見ているかのように、裏運気に起こるであろうことを想定したり、起きたときの瞬間的な自分の反応を見ては、「あ、オレはやっぱりこれを気にしているな」と、自分のこだわりや欲望を確かめたりしています。

己の欲望って、自分でちゃんとわかっていない人も多いんです。

日本には「右向け右」や「長いものに巻かれろ」などの言い回しがあり、社会的価値に従う人が多いので、人目を気にして、己の欲望に素直になれない人もいます。最近ではＳＮＳの普及で、声の大きい人の意見に左右されている人も多いように感じます。「世間」や「常識」が正しいと信じ込んで、いい子を演じてしまう人もいます。

それが、裏運気になると、自分の反応から気づけるんです。

裏運気には想定外の出来事が起こりやすいため、このときに、自分にどんな反応が出るか、どんな感情が湧き起こるかを観察してみると、自分が何に縛られているかに気づけます。気づけば、いらないこだわりを外していけるんです。

まずは気づくことが第一歩で、気づくだけでも「あぁ、自分はここに反応するんだ。ということは、こういう欲望があるんだな」と自分で自分を認めてあげると、スッと冷静になれて、「このこだわり、いらないかも？」と思えることが出てきます。

いらないかも……と思ったら、どんどん手放していけば、肩から重い荷物を下ろしたかのように、ふっとラクになれます。

欲望は悪いものではありません。

ただし、己の欲望を勘違いしている人もいるので、裏運気でこれまでに体験していないことがやって来たときの自分の反応を観察し、欲望を探ってみると面白いですよ。

裏運気は、自分の〝隠れていた欲望〟を観察できる時期。

そして、いらないこだわりを手放すと、運は良くなっていきます。

掃除と同じです。「捨てられない」とものに執着して、使わないものに囲まれて生きていると、「あれも、これも」とムダな欲が出て、大切なものが見えなくなります。ムダなものに時間と労力を取られて、大切な人生をムダにしてしまうのです。

裏運気になったら、ムダな欲望をどんどん捨てていきましょう。

恩返しできる時期

当たり前のありがたさに気づく裏運気ですが、本来、感謝は日々するもの。ですから、当たり前の日々の中で感謝をし、裏運気には恩返しをしてみてください。

僕は実際に、自分の裏運気でそれを実践しました。


いつも感謝をしている人がいるのですが、裏運気には自分から恩を返す時期だと思い、その人に仕事の提案をしました。

やってみて、わかったことがあります。

裏運気に恩を返していると、そこの関係においては運気は良くなっていくのです。

悪くなることは何一つありませんでした。


裏運気のとき、仕事をセーブしようと思っていたら、やはり欲望とは逆の現象が起こって、いつもより多くの仕事の話が舞い込みました。基本的にはお受けしていますが、やはり小さなトラブルが起こる仕事もありました。裏運気だから仕方のないことです。

ところが、ただただ「恩を返したい」と思って動いた仕事では、現場も楽しくて、雰囲気も良く、結果的に評判も良くて、良いこと尽くめでした。

その人には、日頃から恩返しをしたいと思っていたのですが、運気がいいときはなかなかチャンスがありませんでした。運気がいいと、お互いに忙しいのです。

運気の研究をしている僕としては、「裏運気には恩返しをする」と決めていたので、自分の欲望は捨てて、自分の時間と体でできることすべてをその人に渡すつもりで、恩を返そうと思いました。


そして、やっぱり！　と思いました。

裏運気が「運気が悪い時期」と言われてきた理由の一つに、「自分が貯めてきた運を使う」という側面があるのではないかと考えていたのです。

当たり前の日々に運を貯めていて、裏運気になるとそれを使わざるを得ない出来事が起こってくる。貯めた運を使うのがイヤだ、イヤだと思っているから苦しむのであって、自分から人のために運を使えば、状況はいい方に向くのではないかと。

つまり、貯めたもの、持っているものをどんどん差し出していけばいいんだとわかりました。そして、裏運気でいったん運の器が空になって、また新しい運を貯めていくのです。


これは、「裏運気で運を使い、表の時期には使わない」という意味ではありません。表の時期には、運を使って、人としての「徳」を貯めていきます。だから裏運気で大変なときに、人が助けてくれるのです。

僕も、前回の裏運気では、家電が一気に4つくらい壊れて、携帯電話も壊れてデータも消えて、誰にも連絡が取れない状況になりました。所持金が68円しかなく、死ぬのかなと思いましたが、死ななかった。

このときに思いました。持ち物がなくなって、シンプルな状態になると、見えてくるものがあるな、と。

困っていた僕を助けてくれる人、心配して連絡をくれる人が現れました。

助けてくれる人がこんなにいたんだ、協力してくれる人がこんなにいたんだと、これまで見えなかったものが見えた瞬間でした。

かつて自分がしてきたことが返ってきたのですね。


運気がいいときに、何をしてきたか。

裸一貫になったときに、自分には何があるのか。


運気がいいときに人徳を積んでいれば、何もなくなっても怖くない。

ムダなものが淘汰されて、残ったもので、また新しい人生のステージが始まるのです。

裏運気でドン底状態になったということは、もう次の運が始まる、という合図なんですよ。

COLUMN

裏運気に心がけたい10か条

裏運気は誰にでも訪れるもの。
ただし、その時期をどんな心持ちで過ごせるかで、人生は大きく変わります。
裏運気をバネに大きく成長しましょう!

1. 「できないこと」より「できること」に目を向ける。
2. 他人のほめられる点を見つけて、どんどんほめる。
3. 弱点や欠点が出てきたら、「これを学べばいいのか」「これは成長につながる」と前向きに捉える。
4. 感謝と愛の気持ちを持って生きる。そして、ちゃんと伝える。
5. 優しさに敏感になって生きる。
6. 他人も自分も許す。他人も自分も認める。
7. いい言葉を使う。
8. 失うことを恐れずに、諦めることで前に進む。
9. 「運が悪かったな」「運気が良くない時期かな」と思うことで諦めがつくなら、運気の責任にしてもいい。それで気持ちがラクになるなら。
10. 人生という名のゲームを楽しむ感覚で、いつもと違う自分や他人を面白がってみる。

第6章

五星三心占い あなたの星への裏運気アドバイス

五星三心占いの6つの星別に、

- **基本性格**
- **裏運気になると、どの星に変わるか**
- **裏運気に出やすいのは、こんな側面**

を解説します。
自分が裏運気にどう変わるかを知り、
流れを受け入れて行動しましょう。
自分の「裏の星」に当たる人を調べてみても、
参考になるでしょう。

【あなたの星の探し方】

P.178～179「あなたの星の割り出し方」に従い、P.180～の「命数表」で、
自分の命数を割り出してください。
あなたが五星三心占いでどの星になるかがわかります。
P.176～177には、星別に「裏運気の年と月」を掲載していますので、調べてみましょう。

五星三心占い

イルカ

Dolphin

【金】のイルカ 基本性格

□負けず嫌いの頑張り屋。心は高校1、2年生
□部活のテンションや学生のノリをいつまでも忘れられない人
□自我が強く、注目されることでさらにやる気を出すタイプ
□自己中心的で、仲間意識が強くなり過ぎることも
□裏側は頑固で、謝れない、譲れない、認められない
□幅広い人脈が作れる。憧れの人に近づくために努力する
□競争する相手を見つけると、ライバル心がパワーになる
□注目されることを意識すると運が開ける
□根は、遊び人気質。しっかり仕事をしてしっかり遊ぶ
□暖かい場所に行ってのんびりすると運気がアップする
□恋愛体質。恋愛をしている方が仕事も集中できて輝ける
□恋をすると積極的に行動するか、猛烈な片思いが始まる
□好きな気持ちをストレートに表現する
□簡単に落とせる相手よりも、ライバルのいる相手や
競争率が高そうな相手を好きになることが多い
□本気になったときのパワーはすごいが、飽きるのも早い
□パートナーとは対等に、ともに頑張って生活していきたい

【銀】のイルカ 基本性格

□人当たりが良く華やかで目立つポジションにいる人
□頑張り屋風に見せることが上手だけど、根はサボり上手
□楽しくない、面白くないことには努力できないタイプ
□心は高校2、3年生で、少し冷静な分、ズル賢い
□受け身で待ってしまうことも多く、周囲から何も
言われないとズルズルと怠け者になってしまうことも
□何事も遊びと思うと能力を発揮できる、遊び人の星
□話術もあり華もあるので自然と人が集まってくる
□ズバッと言い過ぎた毒舌も、上手に笑いに変えられる
□発想力や対応力もあり器用だけど、裏は頑固でスロー
□社交性があり華やかなので恋のチャンスが多くなり、
周囲からは「遊んでいる」と思われる場合も
□受け身で相手の出方を待って、自ら逃すことが多い
□恋の相手は自分にとって得があるのか探ってしまう
ノリの悪い人は苦手。会話のテンポや笑いの感覚が大事
□一度火が付くと止められないくらい結婚願望は強い
□楽しく仕事をすることが大事で、職場や仕事関係者と、

□ドンドン稼いでドンドンお金を使うことで結果が出せる
□控えめな裏方仕事では能力を発揮することができない
□お金は目的や期間を決めれば貯められるタイプ

裏運気になると…

銀の鳳凰になります。

□仕事以外の付き合いや飲み&食事に行くことが必要
□仕事も遊びやゲームだと思うと能力を発揮する
□お金は貯めるよりも使う楽しさに負けてしまう

裏運気になると…

金の鳳凰になります。

P170〜171の【鳳凰】の性格を意識して、この星の魅力を取り入れてみましょう！

裏運気に出てきやすいのは、こんな側面

「イルカ」の人は、本来が「楽しいことが大好きで、みんなでワイワイと盛り上がりたい人」なので、裏運気ではそれが逆になります。「鳳凰」の気質が出てきて、頑固になり、仲間を厳選するようになります。

人と群れるのが好きだったのが、裏運気になると突然1人になりたくなります。一見、仲間がいなくなるように思いますが、「イルカ」のあなたから仲間を絞り込んでいるのです。

いつもは飽きっぽいのに、裏運気になると1人で忍耐強く何かに打ち込むような作業をする機会が増えてきます。基本的には孤独に弱いので、つらさを感じます。

本来は、行動力があってスピーディーかつ柔軟に動き回っている「イルカ」ですが、裏運気では動きが遅くなるため、自分らしさが出なくてモヤモヤします。思い込みや、自分が正しいという頑なな思いが強くなるでしょう。

カメレオン

Chameleon

〔金〕のカメレオン 基本性格

- □しっかり者で視野も広い、大人タイプ
- □学習能力が高く、理屈が好きで、知的な人
- □真似が上手で器用なタイプ。人生で困ったときは、憧れる人や尊敬する人を観察して真似してみると流れに乗れる
- □攻めが強く現実的でしっかり者に見えるが、突っ込まれると弱く、根は優柔不断で心配性。余計なことを考え過ぎる
- □周囲にいる人に自然と似てくる同化の星。「己は友に似る」
- □考えが古風で上下関係などをしっかりするため、自然と年上から好かれて驚くような人脈を作ることができる
- □若いときに下積みや基本的なことをしっかり学び経験しておくと30代後半から評価され良いポジションにつける
- □大人の雰囲気、一流のブランド品が魅力をアップする
- □恋愛は、相手のどこが好きなのかなどと考え過ぎてしまう
- □相手を冷静に判断し過ぎてチャンスを逃したり、裏目に出てしまったり、相手の出方を待ってしまうことも
- □いざ告白されると優柔不断な面が出てしまいモタモタする
- □尽くし過ぎて相手を甘やかしてしまうことも

〔銀〕のカメレオン 基本性格

- □冷静で几帳面、論理的かつ合理的に物事を考えられ、着実に人生を進める手堅いタイプ
- □言葉が強く、発言力や毒舌も含めて一言多くなりがち
- □裏では、余計なことをペラペラしゃべってしまう癖があり、愚痴や不満もつい出てしまう
- □学習能力が高く、真似が上手で器用なため、手本となる人や尊敬できる人を模倣することで自分の能力にできる
- □どこか受け身な部分があり、他人任せにしてしまう
- □人に見せない裏側は、マイペースで妄想好き
- □自分の世界にこだわって生きてしまいやすい
- □周囲に合わせないような独特な生活をすることもある
- □イメージ能力が高く、アイデアを出したり創作力もある
- □交友関係は些細なことで縁が切れたりガラッと変化する
- □恋愛は慎重で、理想が高く相手に完璧を求め過ぎる
- □完璧を求め過ぎた結果、不倫をすることも
- □自分のやり方を通して空回りしたり、様子を見過ぎたりする
- □結婚後は、安定や安心感を相手に求めるようになり、

- 結婚後は古風な考えが出て、亭主関白な家庭を求める
- 金銭面では目標を定めてコツコツ貯めることに長けている
- 目標がなく貯めようとすると小銭ばかりに目が行きがち

裏運気になると…←

銀のインディアンになります。

- 節約上手や料理好きになって、平和な家庭を作ろうとする
- 古風な考えで「夫は夫らしく妻は妻らしく」を心がける
- 節約生活ができ、きっちり貯めて欲しいものを手に入れる

裏運気になると…←

金のインディアンになります。

P172～173の【インディアン】の性格を意識して、この星の魅力を取り入れてみましょう!

裏運気 に出てきやすいのは、こんな側面

「カメレオン」の人は、本来「現実的で、着実に積み重ねていく」のですが、裏運気になるとそれが逆になります。「インディアン」の気質が出てきて、空想、妄想が激しくなり、余計な心配事が増えてきます。

いつもは計画的に生きているのが、裏運気になると計画性がなくなり、「何も決まっていない」「なかなか決まらない」という状況にモヤモヤすることが増えます。

それまではきちんとした組織で、やることが決まっている中で生きていたのが、急に「明日どうなるかわからない」という行き当たりばったりの場面が増え、即決することを迫られます。

安心できる友だちや、よく会っていた人が離れることになり、友だちがいなくなるつらさを感じることも。

伝統や古いものが好きだったのが、流行や話題の物事に飛びつきたくなりますが、スピードに慣れていないので焦って悶々とします。

五星三心占い

時計

「金」の時計 基本性格

□親切で優しい心の持ち主。人なつっこさが縁をつなげる
□年齢に関係なく人を集め、不思議な人脈を持つことも
□人間関係で壁を作らず、社会的なルールに縛られず、差別や区別をせず自由な発想の中で生きようとする
□お金持ちで偉そうな人や、権力を振りかざす人に妙に逆らってしまうような正義感が強い一面がある
□「変わった人」と言われてしまうような生き方をする
□気持ちがブレやすい人で、心が右へ左へと揺れている
□周囲にいる人の言葉に影響されてしまうことが多い
□視野を広く持てるため、周囲が驚く情報や体験を得る
□根には向上心と野心もあり、偉くなるチャンスに恵まれるが、心が庶民なため自らそのチャンスを逃すことも
□人を差別しないので出会いが多く、恋のチャンスも多い
□情にもろく、かわいそうな人や頑張っている人、夢を追いかけている人を好きになって、貢いでしまうことも
□周囲が疑問に思うような人に惚れてしまう場合も多い
□常識にとらわれない恋をし、自分を強く持った人に弱い

「銀」の時計 基本性格

□世話好きで面倒見が良くお人好し。人といると安心する
□差別や区別をせず、幅広い人脈を作ることができる
□「このままで終わらない」と、野心と向上心を持っている
□周囲に振り回され気持ちがブレやすく、自らブレに行く
□庶民の心を持ち、格差のない平等な社会を求めている
□若くして苦労している人や夢を追いかけている人など、他人のために行動することも多く、自然と人脈もできる
□世話好きが、出しゃばった感じになってしまうことも
□親に甘えて生ぬるい環境にいると運気の流れに乗れない
□他人から感謝される生き方が人生を楽しくする
□恋のチャンスが多いのに、異性の友人止まりになりがち
□恋は互いを支え合い、常に一緒で、愛のある交際を望む
□贅沢や派手な遊びをするよりも、家でまったりしたい
□相手が甘え過ぎて、言いたいことが言えなくなることも
□同棲からの流れで結婚をすることもあり、親や周囲には「生活は大丈夫なの?」と心配をされるような結婚をする場合も
□向上心を隠し持っているが、自分が先頭になって指揮したり

Clock

□生活力を考えず、「愛があれば」と苦労を乗り越える
□振り回されやすい分ストレスも抱えやすく、肌に出る
□お金は、庶民的な感覚があるので、安さ自慢をしがち

裏運気になると…←

銀の羅針盤になります。

□中心になるよりも、誰かのサポート役が向いている
□お金は自分のためよりも、周囲の人やお世話になった人、困った人に使うと、不思議と回ってくるタイプ

裏運気になると…←

金の羅針盤になります。

P174〜175の【羅針盤】の性格を意識して、この星の魅力を取り入れてみましょう！

裏運気に出てきやすいのは、こんな側面

「時計」の人は、本来「人が好き」なので、裏運気になるとそれが逆になります。「羅針盤」の気質が出てきて、人が苦手になります。

いつもはポジティブ思考で優しいのに、裏運気になると、ネガティブ思考が強くなるうえ、自分の価値観こそが正しいと、正論を言い過ぎるようになります。

「人のために生きる」ことが喜びなのに、急に周りの空気が読めなくなり、相手のしてほしいことがわからなくなって、人が離れていくので、つらさを感じます。

これまで「この人の意見はこうだから、こっちに動こう」と合わせてあげることで喜ばれていたのが、裏運気になると「あの人が気になる」と、誰かの影響を受けやすくなり、その人に振り回されるようになります。

庶民的だったのが、急に高級なもの、上品なものに惹かれ始めますが、慣れていないので「自分にふさわしいか？」と迷います。

五星三心占い

鳳凰

〔金〕の鳳凰 基本性格

□頑固で忍耐強く、一度火が付くと簡単には消えないタイプ
□自分の決めたことを貫き通すことができるが、融通が利かなかったり、対応力がなく苦労をすることも多い
□団体行動は苦手。一人が好きで一人の趣味の時間が必要
□情熱的で凝り性なので、職人的な技術を習得することも
□知的でじっくり物事を考えることができるが、言葉での表現が苦手で一言足りないことや伝え下手になってしまう
□考え過ぎて間が悪くなりテンポが周囲と合わないことも
□過去の出来事にとらわれ過ぎてしまい、変化が苦手
□時代が合うまで好きなことを極める努力をし続ける
□一目惚れや第一印象で恋の火が付くと思いが止まらない
□恋愛はじっくりゆっくり進めるタイプなので、不器用で奥手。進展がなくてもじっと待ち続けてしまう
□思い込みが激しいので、勘違いから恋が始まることも
□片思いが長くなったり、別れた人を思い続けたり、最初に付き合った人の面影を追い続けてしまうことも多い
□結婚願望はあるが自分の結婚観を強く持ち過ぎてしまう

〔銀〕の鳳凰 基本性格

□覚悟で突き進む超頑固な人。一つの仕事を長く続ける
□決めたことは最後まで貫き、変化や新しいことは苦手
□勘違いで突き進むことも多いので、途中で「不向き」という自覚があっても、我慢強く続けてしまうことも多い
□人間関係は、第一印象や初期の思い込みを上書きできないので、後から思い違いに気づいて人間不信になることも
□単独で行動することがラクに感じてしまうタイプ
□何事もゆっくりじっくり進める。瞬発力を求められるのが苦手で、しゃべりも一言足りずに伝え下手になることも
□裏側には遊び心を持っているので、ノリや勢いでの遊びにハマってしまったり、ハメを外し過ぎたりしやすい
□「好きなのはこのタイプ」と決めてしまうと同じような人ばかりを好きになったり、過去の恋を引きずってしまう
□好きになると思いはどんどん強くなり一途。考え過ぎてタイミングを逃したり、マイナスに考えてしまうことも
□ストレートな告白に弱く、押し切られて「まぁ良いかな」で付き合い始めたのに、忍耐強さが出て別れないことも

Phoenix

□頑固で忍耐強く、体力もあるが、成長がゆっくり
□お金は一度貯め始めるといい流れになる。投資や運用で成功することも多いので若いうちに学んでおくといい

裏運気になると…←

銀のイルカになります。

□覚悟をすれば一気に結婚に進む。腹をくくる度胸が大事
□習得するのに時間がかかる職人的な仕事や技術者的な仕事に向いている。体力があり夜勤の仕事や重労働もできる
□お金の使い方も貯金も下手なほう。専門家に相談するのもいい

裏運気になると…←

金のイルカになります。

P164~165の**【イルカ】の性格**を意識して、この星の魅力を取り入れてみましょう!

裏運気に出てきやすいのは、こんな側面

「鳳凰」の人は、本来「1人でいる」ことが好きなので、裏運気になるとそれが逆になります。「イルカ」の気質が出てきて、人と群れる機会が多く訪れます。

これまでは孤軍奮闘しているのが好きだったのに、チームのリーダーを任されたり、集団行動を強いられたりと、人に合わせることを体験することになります。

いつもは自分の生き方にこだわっていて、芯が強く、強い信念を抱いているのですが、急に「流行」や「華やかな世界」に目を向けたり、関わるようになったりします。しかし、その移り変わりの速さやノリの軽さに疲れを感じてしまいます。

頑固で腰が重かったのが、あちこちに動き回ることが増え、遊ぶことの楽しさを知りますが、じっくり集中できないつらさも感じます。

物静かなタイプだったのが、笑いを求めるようになります。しかし慣れていないのでスベってしまいます。

インディアン

Indian

【金】のインディアン 基本性格

- □好奇心旺盛でフットワークが軽い陽気な中学生
- □新しいことに注目し情報を集め、子どものように無邪気
- □妄想や空想が大好きで余計なことばかり考えていることも
- □楽しそうなことに飛びつくのは早いが、飽きるのも早い
- □おしゃべりで、答えの出ない話や深く語ることが好き
- □何度も同じ話を繰り返したり、自分の言ったことを忘れてしまうことも多く、話がクドくなってしまうことも
- □交友関係は広く、最初は遠慮して人との距離感を上手に取るが、根は図々しいので仲良くなるとズカズカ踏み込む
- □マイペースな生き方をする。成長しない人や面白みのない人とは自然と離れてしまうところがある
- □恋愛は、妄想好き。人生で恋が一番になることは少ない
- □束縛や支配された恋愛は苦手。自由な恋愛が理想
- □恋愛もワンパターンが続くとほかの人を求めてしまう
- □結婚願望はあるが、ほぼ妄想どまり。自分が子どもっぽいことに自覚があるので、タイミングを待ち続けてしまう
- □仕事では不器用で繊細さに欠ける面もあるが、キャラクター

【銀】のインディアン 基本性格

- □「人は人、自分は自分」とマイペースに生きる人
- □心は中学2、3年生から成長しないまま大人になる
- □警戒心があり歩みは慎重。人との距離を上手に取れる
- □何かを極めるより何となく続けて来たことが生業になる
- □物事を同時進行できる「三方の星」の持ち主。同時にいろいろなことを考えられたり、複数の物事を進められる
- □集中力がなく慌ただしくてせっかちと思われがちだが、「飽きたら次」を繰り返すと、驚くような能力を開花する
- □友人は不要で、知り合いが多い方が人生の流れが良くなる
- □恋愛での理想は高く、外見やセンスや生き方、収入面などいろいろと妄想するが、最終的には身近な異性に弱い
- □頭の中は超浮気性で、Hな妄想を楽しむことも多い
- □最終的にはマメな人に弱く、何度も会うと好きになる
- □束縛や支配される恋は苦手。程よい距離感を保ちたい
- □結婚も理想が高く、最終的には「一緒にいるのがラク」と自分のマイペースを許してくれる人と結婚をする
- □学生時代に苦労した人ほど社会で大成功することが多い

を活かして良いポジションを確保することもできる

□社会に出てからの知り合いのつながりを仕事で活かせる

□お金は、目標を定めると不思議と貯められる

裏運気になると…

銀のカメレオンになります。

□妄想や空想を形にする仕事がよく、職場での人間関係を楽しみながら仕事に取り組むと良いポジションを取れる

□金運は悪くないが、浪費やムダな買い物が多くなりがち

裏運気になると…

金のカメレオンになります。

P166〜167の【カメレオン】の性格を意識して、この星の魅力を取り入れてみましょう！

裏運気に出てきやすいのは、こんな側面

「インディアン」の人は、本来「自由人」なので、裏運気になるとそれが逆になります。「カメレオン」の気質が出てきてルールや計画に縛られることが増えます。

これまでは1人で妄想・空想して、アイデアが湧き出てくるのを楽しんでいましたが、急に基礎を積み重ねる勉強をしたくなったり、それを強いられたりします。

いつもは人間関係に縛られずに自分のペースで飄々と生きていたのが、裏運気では人間関係に縛られるようになり、面白そうな話を持ちかけられても、結局は、自分が人に合わせなくてはいけないことが増え、つらさを感じます。

本当は予定を決めずに動きたいのですが、裏運気になると、計画や予定が急に増えてストレスを感じます。

新しいもの好きだったのが、歴史ある物事こそ本物だと思い始めて掘り下げたくなりますが、飽きっぽいので続けるのに苦労します。

羅針盤

〔金〕の羅針盤　基本性格

□礼儀正しく上品で真面目、言われたことをしっかり守る
□プライドの高いしっかり者だが、正論を言い過ぎたり、正しい考えや生き方にこだわり過ぎてしまいがちな面も
□人間関係は面倒で、苦手になってしまうことが多い
□相手に完璧を求めて、正義感を出して言い過ぎることも
□慎重過ぎるところが原因で、ネガティブ思考になりやすい
□勝手に被害妄想をすることもあり、考え過ぎてしまう
□人に見せない裏側は、面倒見の良い部分があり優しい人だが、余計なお世話をしてしまうことが多々ある
□品格と真面目な感じがあり、異性から見ると隙がなく、几帳面でしっかりした感じが距離を詰めにくくしている
□プライドが高く、自ら告白をしたり積極的にアタックすることはなかなかなく、相手からの出方を待っている
□相手のチェックが細かくなり過ぎ、手順を守ろうとする
□自分ルールや生活リズムを家族に押しつけてしまいがち
□規則やルールを守らない人にイライラしやすい
□仕事は几帳面にするので周囲からの信頼も厚いが、真面目な

〔銀〕の羅針盤　基本性格

□真面目で丁寧、几帳面で品を感じさせるタイプ
□好きなことを見つけられると驚くような才能を開花する
□好きなことがわからないと、他人任せで指示待ち人生に
□しっかりした人に見えるが、言われないとやらない怠け癖も。指導者が優秀でないと能力を発揮できないことも
□ベースがネガティブなので、良かれと思って周囲が言ってくれたことをマイナスに捉えて、考え過ぎてしまいがちに
□人間関係作りが苦手。モノ作りやデータ管理、発明や研究が向いている。几帳面で真面目に仕事をする2番手向き
□裏側には人の中に飛び込みたがる癖があり、良かれと思って行動したことが空回りすることも多い
□プライドが高く、恋に素直になれない、恋に不器用な人
□自分に自信が持てず、相手にどう思われているかを気にし過ぎて空回りし、自ら交際のチャンスを逃すことが多い
□基本的に相手任せの甘えん坊。面倒見のいい人や引っ張ってくれる人、ストレートに告白をしてくれる人に弱い
□プレゼントセンスがなく、サプライズ下手

Compass

銀の時計になります。

裏運気になると…

- 仕事ぶりで、逆に職場の雰囲気が気まずくなってしまう場合も
- お金は意識すれば貯められるが、発想力や自分の好きなことを他人に役立てると自然とお金を手にできる

金の時計になります。

裏運気になると…

- 結婚すると甘えん坊な面が薄れて、しっかり家庭を作るが、自分中心の生活や自分の考えを家族に押しつけがち
- お金の管理はできるタイプなので、プロに習うと良い

P168〜169の【時計】の性格を意識して、この星の魅力を取り入れてみましょう！

裏運気に出てきやすいのは、こんな側面

「羅針盤」の人は、本来「人が苦手」なので、裏運気になるとそれが逆になります。「時計」の気質が出てきて、人の中に入っていきたくなることが増えます。

これまで人に興味がなかったのが、急に「人のために生きたい」という気持ちが出てきて、正義感や善意が湧き出て、ボランティアや人助けなどを始めたくなります。

いつもは空気が読めないタイプで、人の気持ちの理解がズレているのですが、裏運気になると空気が読めるようになり、周囲のことがよく見えて、人の面倒を見たくなり、世話焼き心が揺れ動くので戸惑います。

ネガティブ思考だったのがポジティブ思考になるので、頑張っている人や夢を追っている人に尽くしたくなりますが、新しい人脈や人付き合いに怖がりなところがあるので苦しみます。

高級志向だったのが、急に庶民的になり、お買い得品に惑わされてしまいます。

の年と月は、いつ？

厳密に1月1日〜12月31日が裏運気というわけではなく、書かれている年の半年くらい前から裏運気の兆候が出る人もいます。

個人差やズレがあるので、あくまでも目安としてください。

銀		金		
年	月	年	月	
2008〜2009 2020〜2021 2032〜2033 2044〜2045 2056〜2057 2068〜2069 2080〜2081	12月／1月	2007〜2008 2019〜2020 2031〜2032 2043〜2044 2055〜2056 2067〜2068 2079〜2080	11月／12月	イルカ
2010〜2011 2022〜2023 2034〜2035 2046〜2047 2058〜2059 2070〜2071 2082〜2083	2月／3月	2009〜2010 2021〜2022 2033〜2034 2045〜2046 2057〜2058 2069〜2070 2081〜2082	1月／2月	カメレオン
2012〜2013 2024〜2025 2036〜2037 2048〜2049 2060〜2061 2072〜2073 2084〜2085	4月／5月	2011〜2012 2023〜2024 2035〜2036 2047〜2048 2059〜2060 2071〜2072 2083〜2084	3月／4月	時計

五星三心占い

各星の裏運気

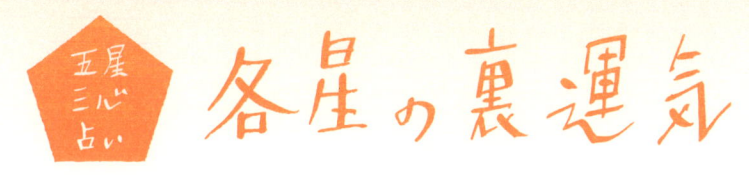

2088年までの各星の裏運気の年と月を一覧にしました。
2017年に生まれた子どもも大人になるまで使えます。

	銀		金	
	年	月	年	月
鳳凰	2014～2015 2026～2027 2038～2039 2050～2051 2062～2063 2074～2075 2086～2087	6月／7月	2013～2014 2025～2026 2037～2038 2049～2050 2061～2062 2073～2074 2085～2086	5月／6月
インディアン	2004～2005 2016～2017 2028～2029 2040～2041 2052～2053 2064～2065 2076～2077	8月／9月	2015～2016 2027～2028 2039～2040 2051～2052 2063～2064 2075～2076 2087～2088	7月／8月
羅針盤	2006～2007 2018～2019 2030～2031 2042～2043 2054～2055 2066～2067 2078～2079	10月／11月	2005～2006 2017～2018 2029～2030 2041～2042 2053～2054 2065～2066 2077～2078	9月／10月

五星三心占い

あなたの星の割り出し方

五星三心占いの星は、生年月日から【命数】を割り出します。
イルカ、カメレオン、時計、鳳凰、インディアン、羅針盤の
6つの星に分けられ、その中で金と銀に分かれます。

命数	生まれ年の西暦	金／銀	あなたの星
1～10	偶数	金	羅針盤
	奇数	銀	
11～20	偶数	金	インディアン
	奇数	銀	
21～30	偶数	金	鳳凰
	奇数	銀	
31～40	偶数	金	時計
	奇数	銀	
41～50	偶数	金	カメレオン
	奇数	銀	
51～60	偶数	金	イルカ
	奇数	銀	

命数の探し方

1. P.180～216の「五星三心占い　命数表」で、自分の生まれ年の表があるページを見つけてください。

2. 横軸の「生まれた月」と縦軸の「生まれた日」が交わるマスにある数字が、あなたの【命数】です。命数は1～60まであります。

3. 右ページの表で、あなたの【命数】からあなたの星を探しましょう。生まれ年の西暦が偶数の人は【金】、奇数の人は【銀】になります。

五星三心占いから導き出す
5欲の割り出し方

五星三心占いの【命数】の下ひとケタで、あなたの5欲のタイプもわかります。
あなたの強く持っている欲望の1つが何か、下の表から探してみましょう。
（5欲については、P.72 ～ 81 をご覧ください）

下ひとケタ	5欲の中で強く持っている欲望
1 or 2	自我欲
3 or 4	食欲・性欲
5 or 6	金欲・財欲
7 or 8	権力・支配欲
9 or 0	創作欲

1945

日＼月	1	2	3	4	5	6	7	8	9	10	11	12
1	4	39	8	36	9	38	7	38	10	39	15	49
2	3	38	5	35	10	35	6	37	17	48	16	50
3	2	37	6	34	7	36	5	46	18	47	13	47
4	1	45	3	33	8	43	14	45	15	46	14	48
5	20	46	8	42	15	44	13	44	16	45	11	45
6	19	43	11	41	16	41	12	43	13	44	12	46
7	18	44	12	50	13	42	11	42	14	43	19	43
8	17	41	19	49	14	49	20	42	11	42	20	44
9	16	42	20	48	11	50	19	49	12	41	17	41
10	15	49	17	47	12	47	18	50	19	50	18	42
11	14	50	18	46	19	48	17	47	20	49	25	59
12	13	45	15	45	20	45	16	48	27	58	26	60
13	12	46	16	44	17	46	15	55	28	57	23	57
14	11	53	13	43	20	53	24	56	25	56	24	58
15	30	54	14	60	27	54	23	53	26	55	21	55
16	27	51	21	59	28	51	22	58	23	54	28	56
17	26	52	21	58	25	53	29	55	24	53	25	53
18	25	59	30	54	26	52	28	56	21	52	26	53
19	22	58	29	51	23	51	27	53	21	57	23	52
20	21	55	28	52	24	60	30	54	30	56	24	51
21	30	56	27	59	27	59	29	51	29	55	31	10
22	29	53	26	60	28	58	28	52	38	5	32	9
23	28	54	25	57	25	57	27	7	37	6	37	8
24	27	1	24	58	26	6	36	8	36	3	38	7
25	36	2	23	5	33	5	35	5	35	4	35	6
26	35	9	32	6	34	4	34	6	34	1	36	5
27	34	10	31	3	31	1	33	3	33	2	33	4
28	33	7	40	4	32	10	32	4	32	9	34	3
29	32		39	1	39	9	31	1	31	10	31	2
30	31		38	2	40	8	40	2	40	7	32	1
31	40		37		37		39	9		8		20

1946

日＼月	1	2	3	4	5	6	7	8	9	10	11	12
1	19	44	11	41	16	41	12	43	13	44	12	46
2	18	43	12	50	13	42	11	42	14	43	19	43
3	17	42	19	49	14	49	20	41	11	42	20	44
4	16	42	20	48	11	50	19	50	12	41	17	41
5	15	49	11	47	12	47	18	49	19	50	18	42
6	14	50	18	46	19	48	17	48	20	49	25	59
7	13	47	15	45	20	45	15	47	27	58	26	60
8	12	48	16	44	17	46	15	55	28	57	23	57
9	11	55	13	43	18	53	24	56	25	56	24	58
10	30	56	14	52	25	54	23	53	26	55	21	55
11	29	53	21	51	26	51	22	54	23	54	22	56
12	28	52	22	60	23	52	21	51	24	53	29	53
13	27	59	29	59	24	59	30	52	21	52	30	54
14	26	60	30	58	23	60	29	59	22	51	27	51
15	25	57	27	55	24	57	28	60	29	60	28	52
16	22	58	28	54	21	58	27	51	30	59	31	9
17	21	55	26	53	22	58	26	52	37	8	32	10
18	30	56	25	57	29	57	23	9	38	7	39	7
19	27	1	24	58	30	6	32	10	36	2	40	7
20	36	2	23	5	37	5	31	7	35	1	37	6
21	35	9	32	6	34	4	34	8	34	10	38	5
22	34	10	31	3	31	3	33	5	33	2	35	4
23	33	7	40	4	32	2	32	4	32	9	34	3
24	32	8	39	1	39	1	31	1	31	10	31	2
25	31	5	38	2	40	10	40	2	40	7	32	1
26	40	6	37	9	37	9	39	9	39	8	49	20
27	39	3	36	10	38	6	38	10	48	15	50	19
28	38	4	35	7	35	5	37	17	47	16	47	18
29	37		34	8	36	14	46	18	46	13	48	17
30	46		33	15	43	13	45	15	45	14	45	16
31	45		42		44		44	16		11		15

1947

日＼月	1	2	3	4	5	6	7	8	9	10	11	12
1	14	49	18	46	19	48	17	48	20	49	25	59
2	13	48	15	45	20	45	16	47	27	58	26	60
3	12	47	16	44	17	46	15	56	28	57	23	57
4	11	56	13	43	18	53	24	55	25	56	24	58
5	30	56	14	52	25	54	23	54	26	55	21	55
6	29	53	21	51	26	51	22	53	23	54	22	56
7	28	54	22	60	23	52	22	52	24	53	29	53
8	27	51	29	59	24	59	30	52	21	52	30	54
9	26	52	30	58	21	60	29	59	22	51	27	51
10	25	59	27	57	22	57	28	60	29	60	28	52
11	24	60	28	56	29	58	27	57	30	59	35	9
12	23	57	25	55	30	55	26	58	37	8	36	10
13	22	56	26	54	27	56	25	5	38	7	33	7
14	21	3	23	53	30	3	34	6	35	6	34	8
15	40	4	24	2	37	4	33	3	36	5	31	5
16	37	1	31	9	38	1	32	8	33	4	38	6
17	36	2	31	8	35	3	31	5	34	3	35	3
18	35	9	40	7	36	2	38	6	31	2	36	4
19	32	10	39	1	33	1	37	3	31	7	33	2
20	31	5	38	2	34	10	36	4	40	6	34	1
21	40	6	37	9	37	9	39	1	39	5	41	20
22	39	3	36	10	38	8	38	2	48	15	42	19
23	38	4	35	7	35	7	37	17	47	16	47	18
24	37	11	34	8	36	16	46	18	46	13	48	17
25	46	12	33	15	43	15	45	15	45	14	45	16
26	45	19	42	16	44	14	44	16	44	11	46	15
27	44	20	41	13	41	11	43	13	43	12	43	14
28	43	17	50	14	42	20	42	14	42	19	44	13
29	42		49	11	49	19	41	11	41	20	41	12
30	41		48	12	50	18	50	12	50	17	42	11
31	50		47		47		49	19		18		30

1948

日＼月	1	2	3	4	5	6	7	8	9	10	11	12
1	29	54	22	60	23	52	21	52	24	53	29	53
2	28	53	29	59	24	59	30	51	21	52	30	54
3	27	52	30	58	21	60	29	60	22	51	27	51
4	26	51	27	57	22	57	28	59	29	60	28	52
5	25	59	28	56	29	58	27	58	30	59	35	9
6	24	60	25	55	30	55	26	57	37	8	36	10
7	23	57	26	54	27	56	25	6	38	7	33	7
8	22	58	23	53	28	3	34	6	35	6	34	8
9	21	5	24	2	35	4	33	3	36	5	31	5
10	40	6	31	1	36	1	32	4	33	4	32	6
11	39	3	32	10	33	2	31	1	34	3	39	3
12	38	4	39	9	34	9	40	2	31	2	40	4
13	37	9	40	8	33	10	39	9	32	1	37	1
14	36	10	37	7	34	7	38	10	39	10	38	2
15	35	7	38	4	31	8	37	7	40	9	41	19
16	32	8	35	3	32	5	36	2	47	18	42	20
17	31	5	35	2	39	7	33	19	48	17	49	17
18	40	6	34	8	40	16	42	20	45	12	50	17
19	37	13	33	15	47	15	41	17	45	11	47	16
20	46	12	42	16	44	14	44	18	44	20	48	15
21	45	19	41	13	41	13	43	15	43	12	45	14
22	44	20	50	14	42	12	42	16	42	19	44	13
23	43	17	49	11	49	11	41	11	41	20	41	12
24	42	18	48	12	50	20	50	12	50	17	42	11
25	41	15	47	19	47	19	49	19	49	18	59	30
26	50	16	46	20	48	18	48	20	58	25	60	29
27	49	13	45	17	45	15	47	27	57	26	57	28
28	48	14	44	18	46	24	56	28	56	23	58	27
29	47	21	43	25	55	23	55	26	55	24	55	26
30	56		52	26	53	22	54	25	54	21	56	25
31	55		51		54		53	23		22		24

1949

日＼月	1	2	3	4	5	6	7	8	9	10	11	12
1	23	58	25	55	30	55	26	57	37	8	36	10
2	22	57	26	54	27	56	25	6	38	7	33	7
3	21	6	23	53	28	3	34	5	35	6	34	8
4	40	6	24	2	35	4	33	4	36	5	31	5
5	39	3	35	1	36	1	32	3	33	4	32	6
6	38	4	32	10	33	2	31	2	34	3	39	3
7	37	1	39	9	34	9	40	1	31	2	40	4
8	36	2	40	8	31	10	39	9	32	1	37	1
9	35	9	37	7	32	7	38	10	39	10	38	2
10	34	10	38	6	39	8	37	7	40	9	45	19
11	33	7	35	5	40	5	36	8	47	18	46	20
12	32	6	36	4	37	6	35	15	48	17	43	17
13	31	13	33	3	38	13	44	16	45	16	44	18
14	50	14	34	12	47	14	43	13	46	15	41	15
15	49	11	41	19	48	11	42	14	43	14	42	16
16	46	12	42	18	45	12	41	15	44	13	45	13
17	45	19	50	17	46	12	48	16	41	12	46	14
18	44	20	49	11	43	11	47	13	42	11	43	12
19	41	15	48	12	44	20	46	14	50	16	44	11
20	50	16	47	19	41	19	49	11	49	15	51	30
21	49	13	46	20	48	18	48	12	58	24	52	29
22	48	14	45	17	45	17	47	29	57	26	59	28
23	47	21	44	18	46	26	56	28	56	23	58	27
24	56	22	43	25	53	25	55	25	55	24	55	26
25	55	29	52	26	54	24	54	26	54	21	56	25
26	54	30	51	23	51	23	53	23	53	22	53	24
27	53	27	60	24	52	30	52	24	52	29	54	23
28	52	28	59	21	59	29	51	21	51	30	51	22
29	51		58	22	60	28	60	22	60	27	52	21
30	60		57	29	57	27	59	29	59	28	9	40
31	59		56		58		58	30		35		39

1950

日＼月	1	2	3	4	5	6	7	8	9	10	11	12
1	38	3	32	10	33	2	31	2	34	3	39	3
2	37	2	39	9	34	9	40	1	31	2	40	4
3	36	1	40	8	31	10	39	10	32	1	37	1
4	35	9	37	7	32	7	38	9	39	10	38	2
5	34	10	32	6	39	8	37	8	40	9	45	19
6	33	7	35	5	40	5	36	7	47	18	46	20
7	32	8	36	4	37	6	36	16	48	17	43	17
8	31	15	33	3	38	13	44	16	45	16	44	18
9	50	16	34	12	45	14	43	13	46	15	41	15
10	49	13	41	11	46	11	42	14	43	14	42	16
11	48	14	42	20	43	12	41	11	44	13	49	13
12	47	19	49	19	44	19	50	12	41	12	50	14
13	46	20	50	18	41	20	49	19	42	11	47	11
14	45	17	47	17	44	17	48	20	49	20	48	12
15	44	18	48	14	41	18	47	17	50	19	55	29
16	41	15	45	13	42	15	46	12	57	28	52	30
17	50	16	45	12	49	17	45	29	58	27	59	27
18	49	23	44	18	50	26	52	30	55	26	60	28
19	56	22	43	25	57	25	51	27	55	21	57	26
20	55	29	52	26	58	24	60	28	54	30	58	25
21	54	30	51	23	51	23	53	25	53	29	55	24
22	53	27	60	24	52	22	52	26	52	29	56	23
23	52	28	59	21	59	21	51	21	51	30	51	22
24	51	25	58	22	60	30	60	22	60	27	52	21
25	60	26	57	29	57	29	59	29	59	28	9	40
26	59	23	56	30	58	28	58	30	8	35	10	39
27	58	24	55	27	55	25	57	37	7	36	7	38
28	57	31	54	28	56	34	6	38	6	33	8	37
29	6		53	35	3	33	5	35	5	34	5	36
30	5		2	36	4	32	4	36	4	31	6	35
31	4		1		1		3	33		32		34

1951

日＼月	1	2	3	4	5	6	7	8	9	10	11	12
1	33	8	35	5	40	5	36	7	47	18	46	20
2	32	7	36	4	37	6	35	16	48	17	43	17
3	31	16	33	3	38	13	44	15	45	16	44	18
4	50	15	34	12	45	14	43	14	46	15	41	15
5	49	13	41	11	46	11	42	13	43	14	42	16
6	48	14	42	20	43	12	41	12	44	13	49	13
7	47	11	49	19	44	19	49	11	41	12	50	14
8	46	12	50	18	41	20	49	19	42	11	47	11
9	45	19	47	17	42	17	48	20	49	20	48	12
10	44	20	48	16	49	18	47	17	50	19	55	29
11	43	17	45	15	50	15	46	18	57	28	56	30
12	42	18	46	14	47	16	45	25	58	27	53	27
13	41	23	43	13	48	23	54	26	55	26	54	28
14	60	24	44	22	57	24	53	23	56	25	51	25
15	59	21	51	21	58	21	52	24	53	24	52	26
16	56	22	52	28	55	22	51	25	54	23	55	23
17	55	29	60	27	56	22	60	26	51	22	56	24
18	54	30	59	26	53	21	57	23	52	21	53	21
19	51	27	58	22	54	30	56	24	60	26	54	21
20	60	26	57	29	51	29	55	21	59	25	1	40
21	59	23	56	30	58	28	58	22	8	34	2	39
22	58	24	55	27	55	27	57	39	7	36	9	38
23	57	31	54	28	56	36	6	38	6	33	8	37
24	6	32	53	35	3	35	5	35	5	34	5	36
25	5	39	2	36	4	34	4	36	4	31	6	35
26	4	40	1	33	1	33	3	33	3	32	3	34
27	3	37	10	34	2	40	2	34	2	39	4	33
28	2	38	9	31	9	39	1	31	1	40	1	32
29	1		8	32	10	38	10	32	10	37	2	31
30	10		7	39	7	37	9	39	9	38	19	50
31	9		6		8		8	40		45		49

1952

日＼月	1	2	3	4	5	6	7	8	9	10	11	12
1	48	13	49	19	44	19	50	11	41	12	50	14
2	47	12	50	18	41	20	49	20	42	11	47	11
3	46	11	47	17	42	17	48	19	49	20	48	12
4	45	20	48	16	49	18	47	18	50	19	55	29
5	44	20	45	15	50	15	46	17	57	28	56	30
6	43	17	46	14	47	16	45	26	58	27	53	27
7	42	18	43	13	48	23	54	26	55	26	54	28
8	41	25	44	22	55	24	53	23	56	25	51	25
9	60	26	51	21	56	21	52	24	53	24	52	26
10	59	23	52	30	53	22	51	21	54	23	59	23
11	58	24	59	29	54	29	60	22	51	22	60	24
12	57	21	60	28	51	30	59	29	52	21	57	21
13	56	30	57	27	54	27	58	30	59	30	58	22
14	55	27	58	26	51	28	57	27	60	29	5	39
15	54	28	55	23	52	25	56	22	7	38	2	40
16	51	25	56	22	59	26	55	39	8	37	9	37
17	60	26	54	21	60	36	2	40	5	36	10	38
18	59	33	53	35	7	35	1	37	6	31	7	36
19	6	34	2	36	8	34	10	38	4	40	8	35
20	5	39	1	33	1	33	3	35	3	39	5	34
21	4	40	10	34	2	32	2	36	2	39	6	33
22	3	37	9	31	9	31	1	31	1	40	1	32
23	2	38	8	32	10	40	10	32	10	37	2	31
24	1	35	7	39	7	39	9	39	9	38	19	50
25	10	36	6	40	8	38	8	40	18	45	20	49
26	9	33	5	37	5	37	7	47	17	46	17	48
27	8	34	4	38	6	44	16	48	16	43	18	47
28	7	41	3	45	13	43	15	45	15	44	15	46
29	16	42	12	46	14	42	14	46	14	41	16	45
30	15		11	43	11	41	13	43	13	42	13	44
31	14		20		12		12	44		49		43

1953

日＼月	1	2	3	4	5	6	7	8	9	10	11	12
1	42	17	46	14	47	16	45	26	58	27	53	27
2	41	26	43	13	48	23	54	25	55	26	54	28
3	60	25	44	22	55	24	53	24	56	25	51	25
4	59	23	51	21	56	21	52	23	53	24	52	26
5	58	24	56	30	53	22	51	22	54	23	59	23
6	57	21	59	29	54	29	60	21	51	22	60	24
7	56	22	60	28	51	30	59	30	52	21	57	21
8	55	29	57	27	52	27	58	30	59	30	58	22
9	54	30	58	26	59	28	57	27	60	29	5	39
10	53	27	55	25	60	25	56	28	7	38	6	40
11	52	28	56	24	57	26	55	35	8	37	3	37
12	51	33	53	23	58	33	4	36	5	36	4	38
13	10	34	54	32	5	34	3	33	6	35	1	35
14	9	31	1	31	8	31	2	34	3	34	2	36
15	8	32	2	38	5	32	1	31	4	33	9	33
16	5	39	9	37	6	39	10	36	1	32	6	34
17	4	40	9	36	3	31	7	33	2	31	3	31
18	3	37	8	32	4	40	6	34	9	36	4	31
19	10	36	7	39	1	39	5	31	9	35	11	50
20	9	33	6	40	2	38	8	32	18	44	12	49
21	8	34	5	37	5	37	7	49	17	46	19	48
22	7	41	4	38	6	46	16	50	16	43	20	47
23	16	42	3	45	13	45	15	45	15	44	15	46
24	15	49	12	46	14	44	14	46	14	41	16	45
25	14	50	11	43	11	43	13	43	13	42	13	44
26	13	47	20	44	12	42	12	44	12	49	14	43
27	12	48	19	41	19	49	11	41	11	50	11	42
28	11	45	18	42	20	48	20	42	20	47	12	41
29	20		17	49	17	47	19	49	19	48	29	60
30	19		16	50	18	46	18	50	28	55	30	59
31	18		15		15		17	57		56		58

1954

日＼月	1	2	3	4	5	6	7	8	9	10	11	12
1	57	22	59	29	54	29	60	21	51	22	60	24
2	56	21	60	28	51	30	59	30	52	21	57	21
3	55	30	57	27	52	27	58	29	59	30	58	22
4	54	30	58	26	59	28	57	28	60	29	5	39
5	53	27	59	25	60	25	56	27	7	38	6	40
6	52	28	56	24	57	26	55	36	8	37	3	37
7	51	35	53	23	58	33	3	35	5	36	4	38
8	10	36	54	32	5	34	3	33	6	35	1	35
9	9	33	1	31	6	31	2	34	3	34	2	36
10	8	34	2	40	3	32	1	31	4	33	9	33
11	7	31	9	39	4	39	10	32	1	32	10	34
12	6	40	10	38	1	40	9	39	2	31	7	31
13	5	37	7	37	2	37	8	40	9	40	8	32
14	4	38	8	36	1	38	7	37	10	39	15	49
15	3	35	5	33	2	35	6	38	17	48	16	50
16	10	36	6	32	9	36	5	49	18	47	19	47
17	9	43	4	31	10	46	14	50	15	46	20	48
18	18	44	3	45	17	45	11	47	16	45	17	45
19	15	49	12	46	18	44	20	48	14	50	18	45
20	14	50	11	43	15	43	19	45	13	49	15	44
21	13	47	20	44	12	42	12	46	12	48	16	43
22	12	48	19	41	19	41	11	43	11	50	13	42
23	11	45	18	42	20	50	20	42	20	47	12	41
24	20	46	17	49	17	49	19	49	19	48	29	60
25	19	43	16	50	18	48	18	50	28	55	30	59
26	18	44	15	47	15	47	17	57	27	56	27	58
27	17	51	14	48	16	54	26	58	26	53	28	57
28	26	52	13	55	23	53	25	55	25	54	25	56
29	25		22	56	24	52	24	56	24	51	26	55
30	24		21	53	21	51	23	53	23	52	23	54
31	23		30		22		22	54		59		53

1955

日＼月	1	2	3	4	5	6	7	8	9	10	11	12
1	52	27	56	24	57	26	55	36	8	37	3	37
2	51	36	53	23	58	33	4	35	5	36	4	38
3	10	35	54	32	5	34	3	34	6	35	1	35
4	9	33	1	31	6	31	2	33	3	34	2	36
5	8	34	6	40	3	32	1	32	4	33	9	33
6	7	31	9	39	4	39	10	31	1	32	10	34
7	6	32	10	38	1	40	10	40	2	31	7	31
8	5	39	7	37	2	37	8	40	9	40	8	32
9	4	40	8	36	9	38	7	37	10	39	15	49
10	3	37	5	35	10	35	6	38	17	48	16	50
11	2	38	6	34	7	36	5	45	18	47	13	47
12	1	43	3	33	8	43	14	46	15	46	14	48
13	20	44	4	42	15	44	13	43	16	45	11	45
14	19	41	11	41	18	41	12	44	13	44	12	46
15	18	42	12	48	15	42	11	41	14	43	19	43
16	15	49	19	47	16	49	20	46	11	42	16	44
17	14	50	19	46	13	41	19	43	12	41	13	41
18	13	47	18	42	14	50	16	44	19	50	14	42
19	20	46	17	49	11	49	15	41	19	45	21	60
20	19	43	16	50	12	48	14	42	28	54	22	59
21	18	44	15	47	15	47	17	59	27	53	29	58
22	17	51	14	48	16	56	26	60	26	53	30	57
23	26	52	13	55	23	55	25	55	25	54	25	56
24	25	59	22	56	24	54	24	56	24	51	26	55
25	24	60	21	53	21	53	23	53	23	52	23	54
26	23	57	30	54	22	52	22	54	22	59	24	53
27	22	58	29	51	29	59	21	51	21	60	21	52
28	21	55	28	52	30	58	30	52	30	57	22	51
29	30		27	59	27	57	29	59	29	58	39	10
30	29		26	60	28	56	28	60	38	5	40	9
31	28		25		25		27	7		6		8

1956

日＼月	1	2	3	4	5	6	7	8	9	10	11	12
1	7	32	10	38	1	40	9	40	2	31	7	31
2	6	31	7	37	2	37	8	39	9	40	8	32
3	5	40	8	36	9	38	7	38	10	39	15	49
4	4	39	5	35	10	35	6	37	17	48	16	50
5	3	37	6	34	7	36	5	46	18	47	13	47
6	2	38	3	33	8	43	14	45	15	46	14	48
7	1	45	4	42	15	44	13	43	16	45	11	45
8	20	46	11	41	16	41	12	44	13	44	12	46
9	19	43	12	50	13	42	11	41	14	43	19	43
10	18	44	19	49	14	49	20	42	11	42	20	44
11	17	41	20	48	11	50	19	49	12	41	17	41
12	16	42	17	47	12	47	18	50	19	50	18	42
13	15	47	18	46	11	48	17	47	20	49	25	59
14	14	48	15	45	12	45	16	48	27	58	26	60
15	13	45	16	42	19	46	15	59	28	57	29	57
16	20	46	14	41	20	53	24	60	25	56	30	58
17	19	53	13	60	27	55	21	57	26	55	27	55
18	28	54	22	56	28	54	30	58	23	60	28	55
19	25	51	21	53	25	53	29	55	23	59	25	54
20	24	60	30	54	22	52	22	56	22	58	26	53
21	23	57	29	51	29	51	21	53	21	60	23	52
22	22	58	28	52	30	60	29	52	30	57	22	51
23	21	55	27	59	27	59	30	59	29	58	39	10
24	30	56	26	60	28	58	28	60	38	5	40	9
25	29	53	25	57	25	57	27	7	37	6	37	8
26	28	54	24	58	26	6	36	8	36	3	38	7
27	27	1	23	5	33	3	35	5	35	4	35	6
28	36	2	32	6	34	2	34	6	34	1	36	5
29	35	9	31	3	31	1	33	3	33	2	33	4
30	34		40	4	32	10	32	4	32	9	34	3
31	33		39		39		31	1		10		2

1957

日＼月	1	2	3	4	5	6	7	8	9	10	11	12
1	1	46	3	33	8	43	14	45	15	46	14	48
2	20	45	4	42	15	44	13	44	16	45	11	45
3	19	44	11	41	16	41	12	43	13	44	12	46
4	18	44	12	50	13	42	11	42	14	43	19	43
5	17	41	13	49	14	49	20	41	11	42	20	44
6	16	42	20	48	11	50	19	50	12	41	17	41
7	15	49	17	47	12	47	18	49	19	50	18	42
8	14	50	18	46	19	48	17	47	20	49	25	59
9	13	47	15	45	20	45	16	48	27	58	26	60
10	12	48	16	44	17	46	15	55	28	57	23	57
11	11	55	13	43	18	53	24	56	25	56	24	58
12	30	54	14	52	25	54	23	53	26	55	21	55
13	29	51	21	51	26	51	22	54	23	54	22	56
14	28	52	22	60	25	52	21	51	24	53	29	53
15	25	59	29	57	26	59	30	52	21	52	30	54
16	24	60	30	56	23	60	29	53	22	51	23	51
17	23	57	28	55	24	60	26	54	29	60	24	52
18	30	58	27	59	21	59	25	51	30	55	31	10
19	29	53	26	60	22	58	24	52	38	4	32	9
20	28	54	25	57	29	57	27	9	37	3	39	8
21	27	1	24	58	26	6	36	10	36	3	40	7
22	36	2	23	5	33	5	35	7	35	4	37	6
23	35	9	32	6	34	4	34	6	34	1	36	5
24	34	10	31	3	31	3	33	3	33	2	33	4
25	33	7	40	4	32	2	32	4	32	9	34	3
26	32	8	39	1	39	1	31	1	31	10	31	2
27	31	5	38	2	40	8	40	2	40	7	32	1
28	40	6	37	9	37	7	39	9	39	8	49	20
29	39		36	10	38	6	38	10	48	15	50	19
30	38		35	7	35	5	37	17	47	16	47	18
31	37		34		36		46	18		13		17

1958

日＼月	1	2	3	4	5	6	7	8	9	10	11	12
1	16	41	20	48	11	50	19	50	12	41	17	41
2	15	50	17	47	12	47	18	49	19	50	18	42
3	14	49	18	46	19	48	17	48	20	49	25	59
4	13	47	15	45	20	45	16	47	27	58	26	60
5	12	48	20	44	17	46	15	56	28	57	23	57
6	11	55	13	43	18	53	24	55	25	56	24	58
7	30	56	14	52	25	54	24	54	26	55	21	55
8	29	53	21	51	26	51	22	54	23	54	22	56
9	28	54	22	60	23	52	21	51	24	53	29	53
10	27	51	29	59	24	59	30	52	21	52	30	54
11	26	52	30	58	21	60	29	59	22	51	27	51
12	25	57	27	57	22	57	28	60	29	60	28	52
13	24	58	28	56	29	58	27	57	30	59	35	9
14	23	55	25	55	22	55	26	58	37	8	36	10
15	22	56	26	52	29	56	25	5	38	7	33	7
16	29	3	23	51	30	3	34	10	35	6	40	8
17	38	4	23	10	37	5	33	7	36	5	37	5
18	37	1	32	6	38	4	40	8	33	4	38	5
19	34	10	31	3	35	3	39	5	33	9	35	4
20	33	7	40	4	36	2	38	6	32	8	36	3
21	32	8	39	1	39	1	31	3	31	7	33	2
22	31	5	38	2	40	10	40	4	40	7	34	1
23	40	6	37	9	37	9	39	9	39	8	49	20
24	39	3	36	10	38	8	38	10	48	15	50	19
25	38	4	35	7	35	7	37	17	47	16	47	18
26	37	11	34	8	36	16	46	18	46	13	48	17
27	46	12	33	15	43	13	45	15	45	14	45	16
28	45	19	42	16	44	12	44	16	44	11	46	15
29	44		41	13	41	11	43	13	43	12	43	14
30	43		50	14	42	20	42	14	42	19	44	13
31	42		49		49		41	11		20		12

1959

日＼月	1	2	3	4	5	6	7	8	9	10	11	12
1	11	56	13	43	18	53	24	55	25	56	24	58
2	30	55	14	52	25	54	23	54	26	55	21	55
3	29	54	21	51	26	51	22	53	23	54	22	56
4	28	54	22	60	23	52	21	52	24	53	29	53
5	27	51	23	59	24	59	30	51	21	52	30	54
6	26	52	30	58	21	60	29	60	22	51	27	51
7	25	59	27	57	22	57	28	59	29	60	28	52
8	24	60	28	56	29	58	27	57	30	59	35	9
9	23	57	25	55	30	55	26	58	37	8	36	10
10	22	58	26	54	27	56	25	5	38	7	33	7
11	21	5	23	53	28	3	34	6	35	6	34	8
12	40	4	24	2	35	4	33	3	36	5	31	5
13	39	1	31	1	36	1	32	4	33	4	32	6
14	38	2	32	10	35	2	31	1	34	3	39	3
15	37	9	39	7	36	9	40	2	31	2	40	4
16	34	10	40	6	33	10	39	3	32	1	33	1
17	33	7	38	5	34	10	38	4	39	10	34	2
18	32	8	37	9	31	9	35	1	40	9	41	19
19	39	3	36	10	32	8	34	2	48	14	42	19
20	38	4	35	7	39	7	33	19	47	13	49	18
21	37	11	34	8	36	16	46	20	46	12	50	17
22	46	12	33	15	43	15	45	17	45	14	47	16
23	45	19	42	16	44	14	44	16	44	11	46	15
24	44	20	41	13	41	13	43	13	43	12	43	14
25	43	17	50	14	42	12	42	14	42	19	44	13
26	42	18	49	11	49	11	41	11	41	20	41	12
27	41	15	48	12	50	18	50	12	50	17	42	11
28	50	16	47	19	47	17	49	19	49	18	59	30
29	49		46	20	48	16	48	20	58	25	60	29
30	48		45	17	45	15	47	27	57	26	57	28
31	47		44		46		56	28		23		27

1960

日＼月	1	2	3	4	5	6	7	8	9	10	11	12
1	26	51	27	57	22	57	28	59	29	60	28	52
2	25	60	28	56	29	58	27	58	30	59	35	9
3	24	59	25	55	30	55	26	57	37	8	36	10
4	23	58	26	54	27	56	25	6	38	7	33	7
5	22	58	23	53	28	3	34	5	35	6	34	8
6	21	5	24	2	35	4	33	4	36	5	31	5
7	40	6	31	1	36	1	32	4	33	4	32	6
8	39	3	32	10	33	2	31	1	34	3	39	3
9	38	4	39	9	34	9	40	2	31	2	40	4
10	37	1	40	8	31	10	39	9	32	1	37	1
11	36	2	37	7	32	7	38	10	39	10	38	2
12	35	9	38	6	39	8	37	7	40	9	45	19
13	34	8	35	5	32	5	36	8	47	18	46	20
14	33	5	36	4	39	6	35	15	48	17	43	17
15	32	6	33	1	40	13	44	20	45	16	50	18
16	39	13	33	20	47	14	43	17	46	15	47	15
17	48	14	42	19	48	14	50	18	43	14	48	16
18	47	11	41	13	45	13	49	15	44	19	45	14
19	44	12	50	14	46	12	48	16	42	18	46	13
20	43	17	49	11	49	11	41	13	41	17	43	12
21	42	18	48	12	50	20	50	14	50	17	44	11
22	41	15	47	19	47	19	49	19	49	18	59	30
23	50	16	46	20	48	18	48	20	58	25	60	29
24	49	13	45	17	45	17	47	27	57	26	57	28
25	48	14	44	18	46	26	56	28	56	23	58	27
26	47	21	43	25	53	25	55	25	55	24	55	26
27	56	22	52	26	54	22	54	26	54	21	56	25
28	55	29	51	23	51	21	53	23	53	22	53	24
29	54	30	60	24	52	30	52	24	52	29	54	23
30	53		59	21	59	29	51	21	51	30	51	22
31	52		58		60		60	22		27		21

1961

日＼月	1	2	3	4	5	6	7	8	9	10	11	12
1	40	5	24	2	35	4	33	4	36	5	31	5
2	39	4	31	1	36	1	32	3	33	4	32	6
3	38	3	32	10	33	2	31	2	34	3	39	3
4	37	1	39	9	34	9	40	1	31	2	40	4
5	36	2	34	8	31	10	39	10	32	1	37	1
6	35	9	37	7	32	7	38	9	39	10	38	2
7	34	10	38	6	39	8	37	8	40	9	45	19
8	33	7	35	5	40	5	36	8	47	18	46	20
9	32	8	36	4	37	6	35	15	48	17	43	17
10	31	15	33	3	38	13	44	16	45	16	44	18
11	50	16	34	12	45	14	43	13	46	15	41	15
12	49	11	41	11	46	11	42	14	43	14	42	16
13	48	12	42	20	43	12	41	11	44	13	49	13
14	47	19	49	19	46	19	50	12	41	12	50	14
15	44	20	50	16	43	20	49	19	42	11	47	11
16	43	17	47	15	44	17	48	14	49	20	44	12
17	42	18	47	14	41	19	45	11	50	19	51	29
18	49	15	46	20	42	18	44	12	57	24	52	29
19	48	14	45	17	49	17	43	29	57	23	59	28
20	47	21	44	18	50	26	56	30	56	22	60	27
21	56	22	43	25	53	25	55	27	55	24	57	26
22	55	29	52	26	54	24	54	28	54	21	58	25
23	54	30	51	23	51	23	53	23	53	22	53	24
24	53	27	60	24	52	22	52	24	52	29	54	23
25	52	28	59	21	59	21	51	21	51	30	51	22
26	51	25	58	22	60	30	60	22	60	27	52	21
27	60	26	57	29	57	27	59	29	59	28	9	40
28	59	23	56	30	58	26	58	30	8	35	10	39
29	58		55	27	55	25	57	37	7	36	7	38
30	57		54	28	56	34	6	38	6	33	8	37
31	6		53		3		5	35		34		36

1962

日＼月	1	2	3	4	5	6	7	8	9	10	11	12
1	35	10	37	7	32	7	38	9	39	10	38	2
2	34	9	38	6	39	8	37	8	40	9	45	19
3	33	8	35	5	40	5	36	7	47	18	46	20
4	32	8	36	4	37	6	35	16	48	17	43	17
5	31	15	37	3	38	13	44	15	45	16	44	18
6	50	16	34	12	45	14	43	14	46	15	41	15
7	49	13	41	11	46	11	42	13	43	14	42	16
8	48	14	42	20	43	12	41	11	44	13	49	13
9	47	11	49	19	44	19	50	12	41	12	50	14
10	46	12	50	18	41	20	49	19	42	11	47	11
11	45	19	47	17	42	17	48	20	49	20	48	12
12	44	18	48	16	49	18	47	17	50	19	55	29
13	43	15	45	15	50	15	46	18	57	28	56	30
14	42	16	46	14	49	16	45	25	58	27	53	27
15	41	23	43	11	50	23	54	26	55	26	54	28
16	58	24	44	30	57	24	53	27	56	25	57	25
17	57	21	52	29	58	24	60	28	53	24	58	26
18	56	22	51	23	55	23	59	25	54	23	55	24
19	53	27	60	24	56	22	58	26	52	28	56	23
20	52	28	59	21	53	21	51	23	51	27	53	22
21	51	25	58	22	60	30	60	24	60	26	54	21
22	60	26	57	29	57	29	59	21	59	28	1	40
23	59	23	56	30	58	28	58	30	8	35	10	39
24	58	24	55	27	55	27	57	37	7	36	7	38
25	57	31	54	28	56	36	6	38	6	33	8	37
26	6	32	53	35	3	35	5	35	5	34	5	36
27	5	39	2	36	4	32	4	36	4	31	6	35
28	4	40	1	33	1	31	3	33	3	32	3	34
29	3		10	34	2	40	2	34	2	39	4	33
30	2		9	31	9	39	1	31	1	40	1	32
31	1		8		10		10	32		37		31

1963

日＼月	1	2	3	4	5	6	7	8	9	10	11	12
1	50	15	34	12	45	14	43	14	46	15	41	15
2	49	14	41	11	46	11	42	13	43	14	42	16
3	48	13	42	20	43	12	41	12	44	13	49	13
4	47	11	49	19	44	19	50	11	41	12	50	14
5	46	12	44	18	41	20	49	20	42	11	47	11
6	45	19	47	17	42	17	48	19	49	20	48	12
7	44	20	48	16	49	18	48	18	50	19	55	29
8	43	17	45	15	50	15	46	18	57	28	56	30
9	42	18	46	14	47	16	45	25	58	27	53	27
10	41	25	43	13	48	23	54	26	55	26	54	28
11	60	26	44	22	55	24	53	23	56	25	51	25
12	59	21	51	21	56	21	52	24	53	24	52	26
13	58	22	52	30	53	22	51	21	54	23	59	23
14	57	29	59	29	56	29	60	22	51	22	60	24
15	56	30	60	26	53	30	59	29	52	21	57	21
16	53	27	57	25	54	27	58	24	59	30	54	22
17	52	28	57	24	51	29	57	21	60	29	1	39
18	51	25	56	30	52	28	54	22	7	38	2	40
19	58	24	55	27	59	27	53	39	7	33	9	38
20	57	31	54	28	60	36	2	40	6	32	10	37
21	6	32	53	35	3	35	5	37	5	31	7	36
22	5	39	2	36	4	34	4	38	4	31	8	35
23	4	40	1	33	1	33	3	33	3	32	3	34
24	3	37	10	34	2	32	2	34	2	39	4	33
25	2	38	9	31	9	31	1	31	1	40	1	32
26	1	35	8	32	10	40	10	32	10	37	2	31
27	10	36	7	39	7	37	9	39	9	38	19	50
28	9	33	6	40	8	36	8	40	18	45	20	49
29	8		5	37	5	35	7	47	17	46	17	48
30	7		4	38	6	44	16	48	16	43	18	47
31	16		3		13		15	45		44		46

1964

日＼月	1	2	3	4	5	6	7	8	9	10	11	12
1	45	20	48	16	49	18	47	18	50	19	55	29
2	44	19	45	15	50	15	46	17	57	28	56	30
3	43	18	46	14	47	16	45	26	58	27	53	27
4	42	17	43	13	48	23	54	25	55	26	54	28
5	41	25	44	22	55	24	53	24	56	25	51	25
6	60	26	51	21	56	21	52	23	53	24	52	26
7	59	23	52	30	53	22	51	21	54	23	59	23
8	58	24	59	29	54	29	60	22	51	22	60	24
9	57	21	60	28	51	30	59	29	52	21	57	21
10	56	22	57	27	52	27	58	30	59	30	58	22
11	55	29	58	26	59	28	57	27	60	29	5	39
12	54	30	55	25	60	25	56	28	7	38	6	40
13	53	25	56	24	59	26	55	35	8	37	3	37
14	52	26	53	23	60	33	4	36	5	36	4	38
15	51	33	54	40	7	34	3	37	6	35	7	35
16	8	34	2	39	8	31	2	38	3	34	8	36
17	7	31	1	38	5	33	9	35	4	33	5	33
18	6	32	10	34	6	32	8	36	2	38	6	33
19	3	39	9	31	3	31	7	33	1	37	3	32
20	2	38	8	32	10	40	10	34	10	36	4	31
21	1	35	7	39	7	39	9	31	9	38	11	50
22	10	36	6	40	8	38	8	40	18	45	20	49
23	9	33	5	37	5	37	7	47	17	46	17	48
24	8	34	4	38	6	46	16	48	16	43	18	47
25	7	41	3	45	13	45	15	45	15	44	15	46
26	16	42	12	46	14	44	14	46	14	41	16	45
27	15	49	11	43	11	41	13	43	13	42	13	44
28	14	50	20	44	12	50	12	44	12	49	14	43
29	13	47	19	41	19	49	11	41	11	50	11	42
30	12		18	42	20	48	20	42	20	47	12	41
31	11		17		17		19	49		48		60

1965

日＼月	1	2	3	4	5	6	7	8	9	10	11	12
1	59	24	51	21	56	21	52	23	53	24	52	26
2	58	23	52	30	53	22	51	22	54	23	59	23
3	57	22	59	29	54	29	60	21	51	22	60	24
4	56	22	60	28	51	30	59	30	52	21	57	21
5	55	29	51	27	52	27	58	29	59	30	58	22
6	54	30	58	26	59	28	57	28	60	29	5	39
7	53	27	55	25	60	25	56	27	7	38	6	40
8	52	28	56	24	57	26	55	35	8	37	3	37
9	51	35	53	23	58	33	4	36	5	36	4	38
10	10	36	54	32	5	34	3	33	6	35	1	35
11	9	33	1	31	6	31	2	34	3	34	2	36
12	8	32	2	40	3	32	1	31	4	33	9	33
13	7	39	9	39	4	39	10	32	1	32	10	34
14	6	40	10	38	3	40	9	39	2	31	7	31
15	3	37	7	35	4	37	8	40	9	40	8	32
16	2	38	8	34	1	38	7	31	10	39	11	49
17	1	35	6	33	2	38	4	32	17	48	12	50
18	8	36	5	37	9	37	3	49	18	43	19	48
19	7	41	4	38	10	46	12	50	16	42	20	47
20	16	42	3	45	17	45	15	47	15	41	17	46
21	15	49	12	46	14	44	14	48	14	41	18	45
22	14	50	11	43	11	43	13	45	13	42	15	44
23	13	47	20	44	12	42	12	44	12	49	14	43
24	12	48	19	41	19	41	11	41	11	50	11	42
25	11	45	18	42	20	50	20	42	20	47	12	41
26	20	46	17	49	17	49	19	49	19	48	29	60
27	19	43	16	50	18	46	18	50	28	55	30	59
28	18	44	15	47	15	45	17	57	27	56	27	58
29	17		14	48	16	54	26	58	26	53	28	57
30	26		13	55	23	53	25	55	25	54	25	56
31	25		22		24		24	56		51		55

1966

日＼月	1	2	3	4	5	6	7	8	9	10	11	12
1	54	29	58	26	59	28	57	28	60	29	5	39
2	53	28	55	25	60	25	56	27	7	38	6	40
3	52	27	56	24	57	26	55	36	8	37	3	37
4	51	35	53	23	58	33	4	35	5	36	4	38
5	10	36	58	32	5	34	3	34	6	35	1	35
6	9	33	1	31	6	31	2	33	3	34	2	36
7	8	34	2	40	3	32	1	32	4	33	9	33
8	7	31	9	39	4	39	10	32	1	32	10	34
9	6	32	10	38	1	40	9	39	2	31	7	31
10	5	39	7	37	2	37	8	40	9	40	8	32
11	4	40	8	36	9	38	7	37	10	39	15	49
12	3	35	5	35	10	35	6	38	17	48	16	50
13	2	36	6	34	7	36	5	45	18	47	13	47
14	1	43	3	33	10	43	14	46	15	46	14	48
15	20	44	4	50	17	44	13	43	16	45	11	45
16	17	41	11	49	18	41	12	48	13	44	18	46
17	16	42	11	48	15	43	19	45	14	43	15	43
18	15	49	20	44	16	42	18	46	11	42	16	43
19	12	48	19	41	13	41	17	43	11	47	13	42
20	11	45	18	42	14	50	20	44	20	46	14	41
21	20	46	17	49	17	49	19	41	19	45	21	60
22	19	43	16	50	18	48	18	42	28	55	22	59
23	18	44	15	47	15	47	17	57	27	56	27	58
24	17	51	14	48	16	56	26	58	26	53	28	57
25	26	52	13	55	23	55	25	55	25	54	25	56
26	25	59	22	56	24	54	24	56	24	51	26	55
27	24	60	21	53	21	51	23	53	23	52	23	54
28	23	57	30	54	22	60	22	54	22	59	24	53
29	22		29	51	29	59	21	51	21	60	21	52
30	21		28	52	30	58	30	52	30	57	22	51
31	30		27		27		29	59		58		10

1967

日＼月	1	2	3	4	5	6	7	8	9	10	11	12
1	9	34	1	31	6	31	2	33	3	34	2	36
2	8	33	2	40	3	32	1	32	4	33	9	33
3	7	32	9	39	4	39	10	31	1	32	10	34
4	6	32	10	38	1	40	9	40	2	31	7	31
5	5	39	1	37	2	37	8	39	9	40	8	32
6	4	40	8	36	9	38	7	38	10	39	15	49
7	3	37	5	35	10	35	5	37	17	48	16	50
8	2	38	6	34	7	36	5	45	18	47	13	47
9	1	45	3	33	8	43	14	46	15	46	14	48
10	20	46	4	42	15	44	13	43	16	45	11	45
11	19	43	11	41	16	41	12	44	13	44	12	46
12	18	42	12	50	13	42	11	41	14	43	19	43
13	17	49	19	49	14	49	20	42	11	42	20	44
14	16	50	20	48	13	50	19	49	12	41	17	41
15	15	47	17	45	14	47	18	50	19	50	18	42
16	12	48	18	44	11	48	17	41	20	49	21	59
17	11	45	16	43	12	48	16	42	27	58	22	60
18	20	46	15	47	19	47	13	59	28	57	29	57
19	17	51	14	48	20	56	22	60	26	52	30	57
20	26	52	13	55	27	55	21	57	25	51	27	56
21	25	59	22	56	24	54	24	58	24	60	28	55
22	24	60	21	53	21	53	23	55	23	52	25	54
23	23	57	30	54	22	52	22	54	22	59	24	53
24	22	58	29	51	29	51	21	51	21	60	21	52
25	21	55	28	52	30	60	30	52	30	57	22	51
26	30	56	27	59	27	59	29	59	29	58	39	10
27	29	53	26	60	28	56	28	60	38	5	40	9
28	28	54	25	57	25	55	27	7	37	6	37	8
29	27		24	58	26	4	36	8	36	3	38	7
30	36		23	5	33	3	35	5	35	4	35	6
31	35		32		34		34	6		1		5

1968

日＼月	1	2	3	4	5	6	7	8	9	10	11	12
1	4	39	5	35	10	35	6	37	17	48	16	50
2	3	38	6	34	7	36	5	46	18	47	13	47
3	2	37	3	33	8	43	14	45	15	46	14	48
4	1	46	4	42	15	44	13	44	16	45	11	45
5	20	46	11	41	16	41	12	43	13	44	12	46
6	19	43	12	50	13	42	11	42	14	43	19	43
7	18	44	19	49	14	49	20	42	11	42	20	44
8	17	41	20	48	11	50	19	49	12	41	17	41
9	16	42	17	47	12	47	18	50	19	50	18	42
10	15	49	18	46	19	48	17	47	20	49	25	59
11	14	50	15	45	20	45	16	48	27	58	26	60
12	13	47	16	44	17	46	15	55	28	57	23	57
13	12	46	13	43	20	53	24	56	25	56	24	58
14	11	53	14	52	27	54	23	53	26	55	21	55
15	30	54	21	59	28	51	22	58	23	54	28	56
16	27	51	21	58	25	52	21	55	24	53	25	53
17	26	52	30	57	26	52	28	56	21	52	26	54
18	25	59	29	51	23	51	27	53	21	57	23	52
19	22	60	28	52	24	60	26	54	30	56	24	51
20	21	55	27	59	27	59	29	51	29	55	31	10
21	30	56	26	60	28	58	28	52	38	5	32	9
22	29	53	25	57	25	57	27	7	37	6	37	8
23	28	54	24	58	26	6	36	8	36	3	38	7
24	27	1	23	5	33	5	35	5	35	4	35	6
25	36	2	32	6	34	4	34	6	34	1	36	5
26	35	9	31	3	31	3	33	3	33	2	33	4
27	34	10	40	4	32	10	32	4	32	9	34	3
28	33	7	39	1	39	9	31	1	31	10	31	2
29	32	8	38	2	40	8	40	2	40	7	32	1
30	31		37	9	37	7	39	9	39	8	49	20
31	40		36		38		38	10		15		19

1969

日＼月	1	2	3	4	5	6	7	8	9	10	11	12
1	18	43	12	50	13	42	11	42	14	43	19	43
2	17	42	19	49	14	49	20	41	11	42	20	44
3	16	41	20	48	11	50	19	50	12	41	17	41
4	15	49	17	47	12	47	18	49	19	50	18	42
5	14	50	12	46	19	48	17	48	20	49	25	59
6	13	47	15	45	20	45	16	47	27	58	26	60
7	12	48	16	44	17	46	15	56	28	57	23	57
8	11	55	13	43	18	53	24	56	25	56	24	58
9	30	56	14	52	25	54	23	53	26	55	21	55
10	29	53	21	51	26	51	22	54	23	54	22	56
11	28	54	22	60	23	52	21	51	24	53	29	53
12	27	59	29	59	24	59	30	52	21	52	30	54
13	26	60	30	58	21	60	29	59	22	51	27	51
14	25	57	27	57	24	57	28	60	29	60	28	52
15	22	58	28	54	21	58	27	57	30	59	31	9
16	21	55	25	53	22	55	26	52	37	8	32	10
17	30	56	25	52	29	57	23	9	38	7	39	7
18	27	3	24	58	30	6	32	10	35	2	40	7
19	36	2	23	5	37	5	31	7	35	1	37	6
20	35	9	32	6	38	4	34	8	34	10	38	5
21	34	10	31	3	31	3	33	5	33	2	35	4
22	33	7	40	4	32	2	32	6	32	9	34	3
23	32	8	39	1	39	1	31	1	31	10	31	2
24	31	5	38	2	40	10	40	2	40	7	32	1
25	40	6	37	9	37	9	39	9	39	8	49	20
26	39	3	36	10	38	8	38	10	48	15	50	19
27	38	4	35	7	35	5	37	17	47	16	47	18
28	37	11	34	8	36	14	46	18	46	13	48	17
29	46		33	15	43	13	45	15	45	14	45	16
30	45		42	16	44	12	44	16	44	11	46	15
31	44		41		41		43	13		12		14

1970

日＼月	1	2	3	4	5	6	7	8	9	10	11	12
1	13	48	15	45	20	45	16	47	27	58	26	60
2	12	47	16	44	17	46	15	56	28	57	23	57
3	11	56	13	43	18	53	24	55	25	56	24	58
4	30	56	14	52	25	54	23	54	26	55	21	55
5	29	53	25	51	26	51	22	53	23	54	22	56
6	28	54	22	60	23	52	21	52	24	53	29	53
7	27	51	29	59	24	59	30	51	21	52	30	54
8	26	52	30	58	21	60	29	59	22	51	27	51
9	25	59	27	57	22	57	28	60	29	60	28	52
10	24	60	28	56	29	58	27	57	30	59	35	9
11	23	57	25	55	30	55	26	58	37	8	36	10
12	22	56	26	54	27	56	25	5	38	7	33	7
13	21	3	23	53	28	3	34	6	35	6	34	8
14	40	4	24	2	37	4	33	3	36	5	31	5
15	39	1	31	9	38	1	32	4	33	4	32	6
16	36	2	32	8	35	2	31	5	34	3	35	3
17	35	9	40	7	36	2	38	6	31	2	36	4
18	34	10	39	1	33	1	37	3	32	1	33	2
19	31	5	38	2	34	10	36	4	40	6	34	1
20	40	6	37	9	31	9	39	1	39	5	41	20
21	39	3	36	10	38	8	38	2	48	14	42	19
22	38	4	35	7	35	7	37	19	47	16	49	18
23	37	11	34	8	36	16	46	18	46	13	48	17
24	46	12	33	15	43	15	45	15	45	14	45	16
25	45	19	42	16	44	14	44	16	44	11	46	15
26	44	20	41	13	41	13	43	13	43	12	43	14
27	43	17	50	14	42	20	42	14	42	19	44	13
28	42	18	49	11	49	19	41	11	41	20	41	12
29	41		48	12	50	18	50	12	50	17	42	11
30	50		47	19	47	17	49	19	49	18	59	30
31	49		46		48		48	20		25		29

1971

日＼月	1	2	3	4	5	6	7	8	9	10	11	12
1	28	53	22	60	23	52	21	52	24	53	29	53
2	27	52	29	59	24	59	30	51	21	52	30	54
3	26	51	30	58	21	60	29	60	22	51	27	51
4	25	59	27	57	22	57	28	59	29	60	28	52
5	24	60	22	56	29	58	27	58	30	59	35	9
6	23	57	25	55	30	55	26	57	37	8	36	10
7	22	58	26	54	27	56	26	6	38	7	33	7
8	21	5	23	53	28	3	34	6	35	6	34	8
9	40	6	24	2	35	4	33	3	36	5	31	5
10	39	3	31	1	36	1	32	4	33	4	32	6
11	38	4	32	10	33	2	31	1	34	3	39	3
12	37	9	39	9	34	9	40	2	31	2	40	4
13	36	10	40	8	31	10	39	9	32	1	37	1
14	35	7	37	7	34	7	38	10	39	10	38	2
15	34	8	38	4	31	8	37	7	40	9	45	19
16	31	5	35	3	32	5	36	2	47	18	42	20
17	40	6	35	2	39	7	35	19	48	17	49	17
18	39	13	34	8	40	16	42	20	45	16	50	18
19	46	12	33	15	47	15	41	17	45	11	47	16
20	45	19	42	16	48	14	50	18	44	20	48	15
21	44	20	41	13	41	13	43	15	43	19	45	14
22	43	17	50	14	42	12	42	16	42	19	46	13
23	42	18	49	11	49	11	41	11	41	20	41	12
24	41	15	48	12	50	20	50	12	50	17	42	11
25	50	16	47	19	47	19	49	19	49	18	59	30
26	49	13	46	20	48	18	48	20	58	25	60	29
27	48	14	45	17	45	15	47	27	57	26	57	28
28	47	21	44	18	46	24	56	28	56	23	58	27
29	56		43	25	53	23	55	25	55	24	55	26
30	55		52	26	54	22	54	26	54	21	56	25
31	54		51		51		53	23		22		24

1972

日＼月	1	2	3	4	5	6	7	8	9	10	11	12
1	23	58	26	54	27	56	25	6	38	7	33	7
2	22	57	23	53	28	3	34	5	35	6	34	8
3	21	6	24	2	35	4	33	4	36	5	31	5
4	40	5	31	1	36	1	32	3	33	4	32	6
5	39	3	32	10	33	2	31	2	34	3	39	3
6	38	4	39	9	34	9	39	1	31	2	40	4
7	37	1	40	8	31	10	39	9	32	1	37	1
8	36	2	37	7	32	7	38	10	39	10	38	2
9	35	9	38	6	39	8	37	7	40	9	45	19
10	34	10	35	5	40	5	36	8	47	18	46	20
11	33	7	36	4	37	6	35	15	48	17	43	17
12	32	8	33	3	38	13	44	16	45	16	44	18
13	31	13	34	12	47	14	43	13	46	15	41	15
14	50	14	41	11	48	11	42	14	43	14	42	16
15	49	11	42	18	45	12	41	15	44	13	45	13
16	46	12	50	17	46	12	50	16	41	12	46	14
17	45	19	49	16	43	11	47	13	42	11	43	11
18	44	20	48	12	44	20	46	14	50	16	44	11
19	41	17	47	19	41	19	45	11	49	15	51	30
20	50	16	46	20	48	18	48	12	58	24	52	29
21	49	13	45	17	45	17	47	29	57	26	59	28
22	48	14	44	18	46	26	56	28	56	23	58	27
23	47	21	43	25	53	25	55	25	55	24	55	26
24	56	22	52	26	54	24	54	26	54	21	56	25
25	55	29	51	23	51	23	53	23	53	22	53	24
26	54	30	60	24	52	30	52	24	52	29	54	23
27	53	27	59	21	59	29	51	21	51	30	51	22
28	52	28	58	22	60	28	60	22	60	27	52	21
29	51	25	57	29	57	27	59	29	59	28	9	40
30	60		56	30	58	26	58	30	8	35	10	39
31	59		55		55		57	37		36		38

1973

日＼月	1	2	3	4	5	6	7	8	9	10	11	12
1	37	2	39	9	34	9	40	1	31	2	40	4
2	36	1	40	8	31	10	39	10	32	1	37	1
3	35	10	37	7	32	7	38	9	39	10	38	2
4	34	10	38	6	39	8	37	8	40	9	45	19
5	33	7	39	5	40	5	36	7	47	18	46	20
6	32	8	36	4	37	6	35	16	48	17	43	17
7	31	15	33	3	38	13	44	15	45	16	44	18
8	50	16	34	12	45	14	43	13	46	15	41	15
9	49	13	41	11	46	11	42	14	43	14	42	16
10	48	14	42	20	43	12	41	11	44	13	49	13
11	47	11	49	19	44	19	50	12	41	12	50	14
12	46	20	50	18	41	20	49	19	42	11	47	11
13	45	17	47	17	42	17	48	20	49	20	48	12
14	44	18	48	16	41	18	47	17	50	19	55	29
15	41	15	45	13	42	15	46	18	57	28	52	30
16	50	16	46	12	49	16	45	29	58	27	59	27
17	49	23	44	11	50	26	52	30	55	26	60	28
18	56	24	43	25	57	25	51	27	56	21	57	26
19	55	29	52	26	58	24	60	28	54	30	58	25
20	54	30	51	23	55	23	53	25	53	29	55	24
21	53	27	60	24	52	22	52	26	52	29	56	23
22	52	28	59	21	59	21	51	23	51	30	51	22
23	51	25	58	22	60	30	60	22	60	27	52	21
24	60	26	57	29	57	29	59	29	59	28	9	40
25	59	23	56	30	58	28	58	30	8	35	10	39
26	58	24	55	27	55	27	57	37	7	36	7	38
27	57	31	54	28	56	34	6	38	6	33	8	37
28	6	32	53	35	3	33	5	35	5	34	5	36
29	5		2	36	4	32	4	36	4	31	6	35
30	4		1	33	1	31	3	33	3	32	3	34
31	3		10		2		2	34		39		33

1974

日＼月	1	2	3	4	5	6	7	8	9	10	11	12
1	32	7	36	4	37	6	35	16	48	17	43	17
2	31	16	33	3	38	13	44	15	45	16	44	18
3	50	15	34	12	45	14	43	14	46	15	41	15
4	49	13	41	11	46	11	42	13	43	14	42	16
5	48	14	46	20	43	12	41	12	44	13	49	13
6	47	11	49	19	44	19	50	11	41	12	50	14
7	46	12	50	18	41	20	49	20	42	11	47	11
8	45	19	47	17	42	17	48	20	49	20	48	12
9	44	20	48	16	49	18	47	17	50	19	55	29
10	43	17	45	15	50	15	46	18	57	28	56	30
11	42	18	46	14	47	16	45	25	58	27	53	27
12	41	23	43	13	48	23	54	26	55	26	54	28
13	60	24	44	22	55	24	53	23	56	25	51	25
14	59	21	51	21	58	21	52	24	53	24	52	26
15	58	22	52	28	55	22	51	21	54	23	59	23
16	55	29	59	27	56	29	60	26	51	22	56	24
17	54	30	59	26	53	21	57	23	52	21	53	21
18	53	27	58	22	54	30	56	24	59	30	54	21
19	60	26	57	29	51	29	55	21	59	25	1	40
20	59	23	56	30	52	28	58	22	8	34	2	39
21	58	24	55	27	55	27	57	39	7	33	9	38
22	57	31	54	28	56	36	6	40	6	33	10	37
23	6	32	53	35	3	35	5	35	5	34	5	36
24	5	39	2	36	4	34	4	36	4	31	6	35
25	4	40	1	33	1	33	3	33	3	32	3	34
26	3	37	10	34	2	32	2	34	2	39	4	33
27	2	38	9	31	9	39	1	31	1	40	1	32
28	1	35	8	32	10	38	10	32	10	37	2	31
29	10		7	39	7	37	9	39	9	38	19	50
30	9		6	40	8	36	8	40	18	45	20	49
31	8		5		5		7	47		46		48

1975

日＼月	1	2	3	4	5	6	7	8	9	10	11	12
1	47	12	49	19	44	19	50	11	41	12	50	14
2	46	11	50	18	41	20	49	20	42	11	47	11
3	45	20	47	17	42	17	48	19	49	20	48	12
4	44	20	48	16	49	18	47	18	50	19	55	29
5	43	17	49	15	50	15	46	17	57	28	56	30
6	42	18	46	14	47	16	45	26	58	27	53	27
7	41	25	43	13	48	23	53	25	55	26	54	28
8	60	26	44	22	55	24	53	23	56	25	51	25
9	59	23	51	21	56	21	52	24	53	24	52	26
10	58	24	52	30	53	22	51	21	54	23	59	23
11	57	21	59	29	54	29	60	22	51	22	60	24
12	56	30	60	28	51	30	59	29	52	21	57	21
13	55	27	57	27	52	27	58	30	59	30	58	22
14	54	28	58	26	51	28	57	27	60	29	5	39
15	53	25	55	23	52	25	56	28	7	38	6	40
16	60	26	56	22	59	26	55	39	8	37	9	37
17	59	33	54	21	60	36	4	40	5	36	10	38
18	8	34	53	35	7	35	1	37	6	35	7	35
19	5	39	2	36	8	34	10	38	4	40	8	35
20	4	40	1	33	5	33	9	35	3	39	5	34
21	3	37	10	34	2	32	2	36	2	38	6	33
22	2	38	9	31	9	31	1	33	1	40	3	32
23	1	35	8	32	10	40	10	32	10	37	2	31
24	10	36	7	39	7	39	9	39	9	38	19	50
25	9	33	6	40	8	38	8	40	18	45	20	49
26	8	34	5	37	5	37	7	47	17	46	17	48
27	7	41	4	38	6	44	16	48	16	43	18	47
28	16	42	3	45	13	43	15	45	15	44	15	46
29	15		12	46	14	42	14	46	14	41	16	45
30	14		11	43	11	41	13	43	13	42	13	44
31	13		20		12		12	44		49		43

1976

日＼月	1	2	3	4	5	6	7	8	9	10	11	12
1	42	17	43	13	48	23	54	25	55	26	54	28
2	41	26	44	22	55	24	53	24	56	25	51	25
3	60	25	51	21	56	21	52	23	53	24	52	26
4	59	24	52	30	53	22	51	22	54	23	59	23
5	58	24	59	29	54	29	60	21	51	22	60	24
6	57	21	60	28	51	30	60	30	52	21	57	21
7	56	22	57	27	52	27	58	30	59	30	58	22
8	55	29	58	26	59	28	57	27	60	29	5	39
9	54	30	55	25	60	25	56	28	7	38	6	40
10	53	27	56	24	57	26	55	35	8	37	3	37
11	52	28	53	23	58	33	4	36	5	36	4	38
12	51	35	54	32	5	34	3	33	6	35	1	35
13	10	34	1	31	8	31	2	34	3	34	2	36
14	9	31	2	40	5	32	1	31	4	33	9	33
15	8	32	9	37	6	39	10	36	1	32	6	34
16	5	39	9	36	3	31	9	33	2	31	3	31
17	4	40	8	35	4	40	6	34	9	40	4	32
18	3	37	7	39	1	39	5	31	9	35	11	50
19	10	38	6	40	2	38	4	32	18	44	12	49
20	9	33	5	37	5	37	7	49	17	43	19	48
21	8	34	4	38	6	46	16	50	16	43	20	47
22	7	41	3	45	13	45	15	45	15	44	15	46
23	16	42	12	46	14	44	14	46	14	41	16	45
24	15	49	11	43	11	43	13	43	13	42	13	44
25	14	50	20	44	12	42	12	44	12	49	14	43
26	13	47	19	41	19	49	11	41	11	50	11	42
27	12	48	18	42	20	48	20	42	20	47	12	41
28	11	45	17	49	17	47	19	49	19	48	29	60
29	20	46	16	50	18	46	18	50	28	55	30	59
30	19		15	47	15	45	17	57	27	56	27	58
31	18		14		16		26	58		53		57

1977

日＼月	1	2	3	4	5	6	7	8	9	10	11	12
1	56	21	60	28	51	30	59	30	52	21	57	21
2	55	30	57	27	52	27	58	29	59	30	58	22
3	54	29	58	26	59	28	57	28	60	29	5	39
4	53	27	55	25	60	25	56	27	7	38	6	40
5	52	28	60	24	57	26	55	36	8	37	3	37
6	51	35	53	23	58	33	4	35	5	36	4	38
7	10	36	54	32	5	34	3	34	6	35	1	35
8	9	33	1	31	6	31	2	34	3	34	2	36
9	8	34	2	40	3	32	1	31	4	33	9	33
10	7	31	9	39	4	39	10	32	1	32	10	34
11	6	32	10	38	1	40	9	39	2	31	7	31
12	5	37	7	37	2	37	8	40	9	40	8	32
13	4	38	8	36	9	38	7	37	10	39	15	49
14	3	35	5	35	2	35	6	38	17	48	16	50
15	10	36	6	32	9	36	5	45	18	47	19	47
16	9	43	3	31	10	43	14	50	15	46	20	48
17	18	44	3	50	17	45	11	47	16	45	17	45
18	15	41	12	46	18	44	20	48	13	50	18	45
19	14	50	11	43	15	43	19	45	13	49	15	44
20	13	47	20	44	16	42	12	46	12	48	16	43
21	12	48	19	41	19	41	11	43	11	50	13	42
22	11	45	18	42	20	50	20	44	20	47	12	41
23	20	46	17	49	17	49	19	49	19	48	29	60
24	19	43	16	50	18	48	18	50	28	55	30	59
25	18	44	15	47	15	47	17	57	27	56	27	58
26	17	51	14	48	16	56	26	58	26	53	28	57
27	26	52	13	55	23	53	25	55	25	54	25	56
28	25	59	22	56	24	52	24	56	24	51	26	55
29	24		21	53	21	51	23	53	23	52	23	54
30	23		30	54	22	60	22	54	22	59	24	53
31	22		29		29		21	51		60		52

1978

日＼月	1	2	3	4	5	6	7	8	9	10	11	12
1	51	36	53	23	58	33	4	35	5	36	4	38
2	10	35	54	32	5	34	3	34	6	35	1	35
3	9	34	1	31	6	31	2	33	3	34	2	36
4	8	34	2	40	3	32	1	32	4	33	9	33
5	7	31	3	39	4	39	10	31	1	32	10	34
6	6	32	10	38	1	40	9	40	2	31	7	31
7	5	39	7	37	2	37	8	39	9	40	8	32
8	4	40	8	36	9	38	7	37	10	39	15	49
9	3	37	5	35	10	35	6	38	17	48	16	50
10	2	38	6	34	7	36	5	45	18	47	13	47
11	1	45	3	33	8	43	14	46	15	46	14	48
12	20	44	4	42	15	44	13	43	16	45	11	45
13	19	41	11	41	16	41	12	44	13	44	12	46
14	18	42	12	50	15	42	11	41	14	43	19	43
15	17	49	19	47	16	49	20	42	11	42	20	44
16	14	50	20	46	13	50	19	43	12	41	13	41
17	13	47	18	45	14	50	16	44	19	50	14	42
18	12	48	17	49	11	49	15	41	20	49	21	60
19	19	43	16	50	12	48	14	42	28	54	22	59
20	18	44	15	47	19	47	17	59	27	53	29	58
21	17	51	14	48	16	56	26	60	26	52	30	57
22	26	52	13	55	23	55	25	57	25	54	27	56
23	25	59	22	56	24	54	24	56	24	51	26	55
24	24	60	21	53	21	53	23	53	23	52	23	54
25	23	57	30	54	22	52	22	54	22	59	24	53
26	22	58	29	51	29	51	21	51	21	60	21	52
27	21	55	28	52	30	58	30	52	30	57	22	51
28	30	56	27	59	27	57	29	59	29	58	39	10
29	29		26	60	28	56	28	60	38	5	40	9
30	28		25	57	25	55	27	7	37	6	37	8
31	27		24		26		36	8		3		7

1979

日＼月	1	2	3	4	5	6	7	8	9	10	11	12
1	6	31	10	38	1	40	9	40	2	31	7	31
2	5	40	7	37	2	37	8	39	9	40	8	32
3	4	39	8	36	9	38	7	38	10	39	15	49
4	3	37	5	35	10	35	6	37	17	48	16	50
5	2	38	10	34	7	36	5	46	18	47	13	47
6	1	45	3	33	8	43	14	45	15	46	14	48
7	20	46	4	42	15	44	14	44	16	45	11	45
8	19	43	11	41	16	41	12	44	13	44	12	46
9	18	44	12	50	13	42	11	41	14	43	19	43
10	17	41	19	49	14	49	20	42	11	42	20	44
11	16	42	20	48	11	50	19	49	12	41	17	41
12	15	47	17	47	12	47	18	50	19	50	18	42
13	14	48	18	46	19	48	17	47	20	49	25	59
14	13	45	15	45	12	45	16	48	27	58	26	60
15	12	46	16	42	19	46	15	55	28	57	23	57
16	19	53	13	41	20	53	24	60	25	56	30	58
17	28	54	13	60	27	55	23	57	26	55	27	55
18	27	51	22	56	28	54	30	58	23	54	28	56
19	24	60	21	53	25	53	29	55	23	59	25	54
20	23	57	30	54	26	52	28	56	22	58	26	53
21	22	58	29	51	29	51	21	53	21	57	23	52
22	21	55	28	52	30	60	30	54	30	57	24	51
23	30	56	27	59	27	59	29	59	29	58	39	10
24	29	53	26	60	28	58	28	60	38	5	40	9
25	28	54	25	57	25	57	27	7	37	6	37	8
26	27	1	24	58	26	6	36	8	36	3	38	7
27	36	2	23	5	33	3	35	5	35	4	35	6
28	35	9	32	6	34	2	34	6	34	1	36	5
29	34		31	3	31	1	33	3	33	2	33	4
30	33		40	4	32	10	32	4	32	9	34	3
31	32		39		39		31	1		10		2

1980

日＼月	1	2	3	4	5	6	7	8	9	10	11	12
1	1	46	4	42	15	44	13	44	16	45	11	45
2	20	45	11	41	16	41	12	43	13	44	12	46
3	19	44	12	50	13	42	11	42	14	43	19	43
4	18	43	19	49	14	49	20	41	11	42	20	44
5	17	41	20	48	11	50	19	50	12	41	17	41
6	16	42	17	47	12	47	17	49	19	50	18	42
7	15	49	18	46	19	48	17	47	20	49	25	59
8	14	50	15	45	20	45	16	48	27	58	26	60
9	13	47	16	44	17	46	15	55	28	57	23	57
10	12	48	13	43	18	53	24	56	25	56	24	58
11	11	55	14	52	25	54	23	53	26	55	21	55
12	30	56	21	51	26	51	22	54	23	54	22	56
13	29	51	22	60	25	52	21	51	24	53	29	53
14	28	52	29	57	26	59	30	52	21	52	30	54
15	27	59	30	56	23	60	29	53	22	51	23	51
16	24	60	28	55	24	60	28	54	29	60	24	52
17	23	57	27	59	21	59	25	51	30	59	31	9
18	22	58	26	60	22	58	24	52	38	4	32	9
19	29	55	25	57	29	57	23	9	37	3	39	8
20	28	54	24	58	26	6	36	10	36	2	40	7
21	27	1	23	5	33	5	35	7	35	4	37	6
22	36	2	32	6	34	4	34	6	34	1	36	5
23	35	9	31	3	31	3	33	3	33	2	33	4
24	34	10	40	4	32	2	32	4	32	9	34	3
25	33	7	39	1	39	1	31	1	31	10	31	2
26	32	8	38	2	40	8	40	2	40	7	32	1
27	31	5	37	9	37	7	39	9	39	8	49	20
28	40	6	36	10	38	6	38	10	48	15	50	19
29	39	3	35	7	35	5	37	17	47	16	47	18
30	38		34	8	36	14	46	18	46	13	48	17
31	37		33		43		45	15		14		16

1981

日＼月	1	2	3	4	5	6	7	8	9	10	11	12
1	15	50	17	47	12	47	18	49	19	50	18	42
2	14	49	18	46	19	48	17	48	20	49	25	59
3	13	48	15	45	20	45	16	47	27	58	26	60
4	12	48	16	44	17	46	15	56	28	57	23	57
5	11	55	17	43	18	53	24	55	25	56	24	58
6	30	56	14	52	25	54	23	54	26	55	21	55
7	29	53	21	51	26	51	22	54	23	54	22	56
8	28	54	22	60	23	52	21	51	24	53	29	53
9	27	51	29	59	24	59	30	52	21	52	30	54
10	26	52	30	58	21	60	29	59	22	51	27	51
11	25	59	27	57	22	57	28	60	29	60	28	52
12	24	58	28	56	29	58	27	57	30	59	35	9
13	23	55	25	55	22	55	26	58	37	8	36	10
14	22	56	26	54	29	56	25	5	38	7	33	7
15	21	3	23	51	30	3	34	10	35	6	40	8
16	38	4	24	10	37	4	33	7	36	5	37	5
17	37	1	32	9	38	4	40	8	33	4	38	6
18	36	2	31	3	35	3	39	5	34	9	35	4
19	33	7	40	4	36	2	38	6	32	8	36	3
20	32	8	39	1	39	1	31	3	31	7	33	2
21	31	5	38	2	40	10	40	4	40	7	34	1
22	40	6	37	9	37	9	39	9	39	8	49	20
23	39	3	36	10	38	8	38	10	48	15	50	19
24	38	4	35	7	35	7	37	17	47	16	47	18
25	37	11	34	8	36	16	46	18	46	13	48	17
26	46	12	33	15	43	15	45	15	45	14	45	16
27	45	19	42	16	44	12	44	16	44	11	46	15
28	44	20	41	13	41	11	43	13	43	12	43	14
29	43		50	14	42	20	42	14	42	19	44	13
30	42		49	11	49	19	41	11	41	20	41	12
31	41		48		50		50	12		17		11

1982

日＼月	1	2	3	4	5	6	7	8	9	10	11	12
1	30	55	14	52	25	54	23	54	26	55	21	55
2	29	54	21	51	26	51	22	53	23	54	22	56
3	28	53	22	60	23	52	21	52	24	53	29	53
4	27	51	29	59	24	59	30	51	21	52	30	54
5	26	52	24	58	21	60	29	60	22	51	27	51
6	25	59	27	57	22	57	28	59	29	60	28	52
7	24	60	28	56	29	58	27	58	30	59	35	9
8	23	57	25	55	30	55	26	58	37	8	36	10
9	22	58	26	54	27	56	25	5	38	7	33	7
10	21	5	23	53	28	3	34	6	35	6	34	8
11	40	6	24	2	35	4	33	3	36	5	31	5
12	39	1	31	1	36	1	32	4	33	4	32	6
13	38	2	32	10	33	2	31	1	34	3	39	3
14	37	9	39	9	36	9	40	2	31	2	40	4
15	36	10	40	6	33	10	39	9	32	1	37	1
16	33	7	37	5	34	7	38	4	39	10	34	2
17	32	8	37	4	31	9	35	1	40	9	41	19
18	31	5	36	10	32	8	34	2	47	14	42	19
19	38	4	35	7	39	7	33	19	47	13	49	18
20	37	11	34	8	40	16	46	20	46	12	50	17
21	46	12	33	15	43	15	45	17	45	14	47	16
22	45	19	42	16	44	14	44	18	44	11	48	15
23	44	20	41	13	41	13	43	13	43	12	43	14
24	43	17	50	14	42	12	42	14	42	19	44	13
25	42	18	49	11	49	11	41	11	41	20	41	12
26	41	15	48	12	50	20	50	12	50	17	42	11
27	50	16	47	19	47	17	49	19	49	18	59	30
28	49	13	46	20	48	16	48	20	58	25	60	29
29	48		45	17	45	15	47	27	57	26	57	28
30	47		44	18	46	24	56	28	56	23	58	27
31	56		43		53		55	25		24		26

1983

日＼月	1	2	3	4	5	6	7	8	9	10	11	12
1	25	60	27	57	22	57	28	59	29	60	28	52
2	24	59	28	56	29	58	27	58	30	59	35	9
3	23	58	25	55	30	55	26	57	37	8	36	10
4	22	58	26	54	27	56	25	6	38	7	33	7
5	21	5	27	53	28	3	34	5	35	6	34	8
6	40	6	24	2	35	4	33	4	36	5	31	5
7	39	3	31	1	36	1	31	3	33	4	32	6
8	38	4	32	10	33	2	31	1	34	3	39	3
9	37	1	39	9	34	9	40	2	31	2	40	4
10	36	2	40	8	31	10	39	9	32	1	37	1
11	35	9	37	7	32	7	38	10	39	10	38	2
12	34	8	38	6	39	8	37	7	40	9	45	19
13	33	5	35	5	40	5	36	8	47	18	46	20
14	32	6	36	4	39	6	35	15	48	17	43	17
15	31	13	33	1	40	13	44	16	45	16	44	18
16	48	14	34	20	47	14	43	17	46	15	47	15
17	47	11	42	19	48	14	42	18	43	14	48	16
18	46	12	41	13	45	13	49	15	44	13	45	13
19	43	17	50	14	46	12	48	16	42	18	46	13
20	42	18	49	11	43	11	47	13	41	17	43	12
21	41	15	48	12	50	20	50	14	50	16	44	11
22	50	16	47	19	47	19	49	11	49	18	51	30
23	49	13	46	20	48	18	48	20	58	25	60	29
24	48	14	45	17	45	17	47	27	57	26	57	28
25	47	21	44	18	46	26	56	28	56	23	58	27
26	56	22	43	25	53	25	55	25	55	24	55	26
27	55	29	52	26	54	22	54	26	54	21	56	25
28	54	30	51	23	51	21	53	23	53	22	53	24
29	53		60	24	52	30	52	24	52	29	54	23
30	52		59	21	59	29	51	21	51	30	51	22
31	51		58		60		60	22		27		21

1984

日＼月	1	2	3	4	5	6	7	8	9	10	11	12
1	40	5	31	1	36	1	32	3	33	4	32	6
2	39	4	32	10	33	2	31	2	34	3	39	3
3	38	3	39	9	34	9	40	1	31	2	40	4
4	37	2	40	8	31	10	39	10	32	1	37	1
5	36	2	37	7	32	7	38	9	39	10	38	2
6	35	9	38	6	39	8	38	8	40	9	45	19
7	34	10	35	5	40	5	36	8	47	18	46	20
8	33	7	36	4	37	6	35	15	48	17	43	17
9	32	8	33	3	38	13	44	16	45	16	44	18
10	31	15	34	12	45	14	43	13	46	15	41	15
11	50	16	41	11	46	11	42	14	43	14	42	16
12	49	13	42	20	43	12	41	11	44	13	49	13
13	48	12	49	19	46	19	50	12	41	12	50	14
14	47	19	50	16	43	20	49	19	42	11	47	11
15	46	12	47	15	44	17	48	14	49	20	44	12
16	43	17	47	14	41	19	47	11	50	19	51	29
17	42	18	46	20	42	18	44	12	57	28	52	30
18	41	15	45	17	49	17	43	29	57	23	59	28
19	48	16	44	18	50	26	52	30	56	22	60	27
20	47	21	43	25	53	25	55	27	55	21	57	26
21	56	22	52	26	54	24	54	28	54	21	58	25
22	55	29	51	23	51	23	53	23	53	22	53	24
23	54	30	60	24	52	22	52	24	52	29	54	23
24	53	27	59	21	59	21	51	21	51	30	51	22
25	52	28	58	22	60	30	60	22	60	27	52	21
26	51	25	57	29	57	27	59	29	59	28	9	40
27	60	26	56	30	58	26	58	30	8	35	10	39
28	59	23	55	27	55	25	57	37	7	36	7	38
29	58	24	54	28	56	34	6	38	6	33	8	37
30	57		53	35	3	33	5	35	5	34	5	36
31	6		2		4		4	36		31		35

1985

日＼月	1	2	3	4	5	6	7	8	9	10	11	12
1	34	9	38	6	39	8	37	8	40	9	45	19
2	33	8	35	5	40	5	36	7	47	18	46	20
3	32	7	36	4	37	6	35	16	48	17	43	17
4	31	15	33	3	38	13	44	15	45	16	44	18
5	50	16	38	12	45	14	43	14	46	15	41	15
6	49	13	41	11	46	11	42	13	43	14	42	16
7	48	14	42	20	43	12	41	11	44	13	49	13
8	47	11	49	19	44	19	50	12	41	12	50	14
9	46	12	50	18	41	20	49	19	42	11	47	11
10	45	19	47	17	42	17	48	20	49	20	48	12
11	44	20	48	16	49	18	47	17	50	19	55	29
12	43	15	45	15	50	15	46	18	57	28	56	30
13	42	16	46	14	49	16	45	25	58	27	53	27
14	41	23	43	13	50	23	54	26	55	26	54	28
15	58	24	44	30	57	24	53	27	56	25	57	25
16	57	21	51	29	58	21	52	28	53	24	58	26
17	56	22	51	28	55	23	59	25	54	23	55	23
18	53	29	60	24	56	22	58	26	51	28	56	23
19	52	28	59	21	53	21	57	23	51	27	53	22
20	51	25	58	22	60	30	60	24	60	26	54	21
21	60	26	57	29	57	29	59	21	59	28	1	40
22	59	23	56	30	58	28	58	30	8	35	10	39
23	58	24	55	27	55	27	57	37	7	36	7	38
24	57	31	54	28	56	36	6	38	6	33	8	37
25	6	32	53	35	3	35	5	35	5	34	5	36
26	5	39	2	36	4	34	4	36	4	31	6	35
27	4	40	1	33	1	31	3	33	3	32	3	34
28	3	37	10	34	2	40	2	34	2	39	4	33
29	2		9	31	9	39	1	31	1	40	1	32
30	1		8	32	10	38	10	32	10	37	2	31
31	10		7		7		9	39		38		50

1986

日＼月	1	2	3	4	5	6	7	8	9	10	11	12
1	49	14	41	11	46	11	42	13	43	14	42	16
2	48	13	42	20	43	12	41	12	44	13	49	13
3	47	12	49	19	44	19	50	11	41	12	50	14
4	46	12	50	18	41	20	49	20	42	11	47	11
5	45	19	41	17	42	17	48	19	49	20	48	12
6	44	20	48	16	49	18	47	18	50	19	55	29
7	43	17	45	15	50	15	46	17	57	28	56	30
8	42	18	46	14	47	16	45	25	58	27	53	27
9	41	25	43	13	48	23	54	26	55	26	54	28
10	60	26	44	22	55	24	53	23	56	25	51	25
11	59	23	51	21	56	21	52	24	53	24	52	26
12	58	22	52	30	53	22	51	21	54	23	59	23
13	57	29	59	29	54	29	60	22	51	22	60	24
14	56	30	60	28	53	30	59	29	52	21	57	21
15	55	27	57	25	54	27	58	30	59	30	58	22
16	52	28	58	24	51	28	57	21	60	29	1	39
17	51	25	56	23	52	28	54	22	7	38	2	40
18	60	26	55	27	59	27	53	39	8	33	9	38
19	57	31	54	28	60	36	2	40	6	32	10	37
20	6	32	53	35	7	35	5	37	5	31	7	36
21	5	39	2	36	4	34	4	38	4	31	8	35
22	4	40	1	33	1	33	3	35	3	32	5	34
23	3	37	10	34	2	32	2	34	2	39	4	33
24	2	38	9	31	9	31	1	31	1	40	1	32
25	1	35	8	32	10	40	10	32	10	37	2	31
26	10	36	7	39	7	39	9	39	9	38	19	50
27	9	33	6	40	8	36	8	40	18	45	20	49
28	8	34	5	37	5	35	7	47	17	46	17	48
29	7		4	38	6	44	16	48	16	43	18	47
30	16		3	45	13	43	15	45	15	44	15	46
31	15		12		14		14	46		41		45

1987

日＼月	1	2	3	4	5	6	7	8	9	10	11	12
1	44	19	48	16	49	18	47	18	50	19	55	29
2	43	18	45	15	50	15	46	17	57	28	56	30
3	42	17	46	14	47	16	45	26	58	27	53	27
4	41	25	43	13	48	23	54	25	55	26	54	28
5	60	26	48	22	55	24	53	24	56	25	51	25
6	59	23	51	21	56	21	52	23	53	24	52	26
7	58	24	52	30	53	22	52	22	54	23	59	23
8	57	21	59	29	54	29	60	22	51	22	60	24
9	56	22	60	28	51	30	59	29	52	21	57	21
10	55	29	57	27	52	27	58	30	59	30	58	22
11	54	30	58	26	59	28	57	27	60	29	5	39
12	53	25	55	25	60	25	56	28	7	38	6	40
13	52	26	56	24	57	26	55	35	8	37	3	37
14	51	33	53	23	60	33	4	36	5	36	4	38
15	10	34	54	40	7	34	3	33	6	35	1	35
16	7	31	1	39	8	31	2	38	3	34	8	36
17	6	32	1	38	5	33	1	35	4	33	5	33
18	5	39	10	34	6	32	8	36	1	32	6	34
19	2	38	9	31	3	31	7	33	1	37	3	32
20	1	35	8	32	4	40	6	34	10	36	4	31
21	10	36	7	39	7	39	9	31	9	35	11	50
22	9	33	6	40	8	38	8	32	18	45	12	49
23	8	34	5	37	5	37	7	47	17	46	17	48
24	7	41	4	38	6	46	16	48	16	43	18	47
25	16	42	3	45	13	45	15	45	15	44	15	46
26	15	49	12	46	14	44	14	46	14	41	16	45
27	14	50	11	43	11	41	13	43	13	42	13	44
28	13	47	20	44	12	50	12	44	12	49	14	43
29	12		19	41	19	49	11	41	11	50	11	42
30	11		18	42	20	48	20	42	20	47	12	41
31	20		17		17		19	49		48		60

1988

日＼月	1	2	3	4	5	6	7	8	9	10	11	12
1	59	24	52	30	53	22	51	22	54	23	59	23
2	58	23	59	29	54	29	60	21	51	22	60	24
3	57	22	60	28	51	30	59	30	52	21	57	21
4	56	22	57	27	52	27	58	29	59	30	58	22
5	55	29	58	26	59	28	57	28	60	29	5	39
6	54	30	55	25	60	25	55	27	7	38	6	40
7	53	27	56	24	57	26	55	35	8	37	3	37
8	52	28	53	23	58	33	4	36	5	36	4	38
9	51	35	54	32	5	34	3	33	6	35	1	35
10	10	36	1	31	6	31	2	34	3	34	2	36
11	9	33	2	40	3	32	1	31	4	33	9	33
12	8	32	9	39	4	39	10	32	1	32	10	34
13	7	39	10	38	3	40	9	39	2	31	7	31
14	6	40	7	35	4	37	8	40	9	40	8	32
15	5	37	8	34	1	38	7	31	10	39	11	49
16	2	38	6	33	2	38	6	32	17	48	12	50
17	1	35	5	37	9	37	3	49	18	47	19	47
18	10	36	4	38	10	46	12	50	16	42	20	47
19	7	41	3	45	17	45	11	47	15	41	17	46
20	16	42	12	46	14	44	14	48	14	50	18	45
21	15	49	11	43	11	43	13	45	13	42	15	44
22	14	50	20	44	12	42	12	44	12	49	14	43
23	13	47	19	41	19	41	11	41	11	50	11	42
24	12	48	18	42	20	50	20	42	20	47	12	41
25	11	45	17	49	17	49	19	49	19	48	29	60
26	20	46	16	50	18	46	18	50	28	55	30	59
27	19	43	15	47	15	45	17	57	27	56	27	58
28	18	44	14	48	16	54	26	58	26	53	28	57
29	17	51	13	55	23	53	25	55	25	54	25	56
30	26		22	56	24	52	24	56	24	51	26	55
31	25		21		21		23	53		52		54

1989

日＼月	1	2	3	4	5	6	7	8	9	10	11	12
1	53	28	55	25	60	25	56	27	7	38	6	40
2	52	27	56	24	57	26	55	36	8	37	3	37
3	51	36	53	23	58	33	4	35	5	36	4	38
4	10	36	54	32	5	34	3	34	6	35	1	35
5	9	33	1	31	6	31	2	33	3	34	2	36
6	8	34	2	40	3	32	1	32	4	33	9	33
7	7	31	9	39	4	39	10	32	1	32	10	34
8	6	32	10	38	1	40	9	39	2	31	7	31
9	5	39	7	37	2	37	8	40	9	40	8	32
10	4	40	8	36	9	38	7	37	10	39	15	49
11	3	37	5	35	10	35	6	38	17	48	16	50
12	2	36	6	34	7	36	5	45	18	47	13	47
13	1	43	3	33	10	43	14	46	15	46	14	48
14	20	44	4	42	17	44	13	43	16	45	11	45
15	17	41	11	49	18	41	12	48	13	44	18	46
16	16	42	11	48	15	42	11	45	14	43	15	43
17	15	49	20	47	16	42	18	46	11	42	16	44
18	12	50	19	41	13	41	17	43	12	47	13	42
19	11	45	18	42	14	50	16	44	20	46	14	41
20	20	46	17	49	17	49	19	41	19	45	21	60
21	19	43	16	50	18	48	18	42	28	55	22	59
22	18	44	15	47	15	47	17	57	27	56	27	58
23	17	51	14	48	16	56	26	58	26	53	28	57
24	26	52	13	55	23	55	25	55	25	54	25	56
25	25	59	22	56	24	54	24	56	24	51	26	55
26	24	60	21	53	21	53	23	53	23	52	23	54
27	23	57	30	54	22	60	22	54	22	59	24	53
28	22	58	29	51	29	59	21	51	21	60	21	52
29	21		28	52	30	58	30	52	30	57	22	51
30	30		27	59	27	57	29	59	29	58	39	10
31	29		26		28		28	60		5		9

1990

日＼月	1	2	3	4	5	6	7	8	9	10	11	12
1	8	33	2	40	3	32	1	32	4	33	9	33
2	7	32	9	39	4	39	10	31	1	32	10	34
3	6	31	10	38	1	40	9	40	2	31	7	31
4	5	39	7	37	2	37	8	39	9	40	8	32
5	4	40	2	36	9	38	7	38	10	39	15	49
6	3	37	5	35	10	35	6	37	17	48	16	50
7	2	38	6	34	7	36	5	46	18	47	13	47
8	1	45	3	33	8	43	14	46	15	46	14	48
9	20	46	4	42	15	44	13	43	16	45	11	45
10	19	43	11	41	16	41	12	44	13	44	12	46
11	18	44	12	50	13	42	11	41	14	43	19	43
12	17	49	19	49	14	49	20	42	11	42	20	44
13	16	50	20	48	11	50	19	49	12	41	17	41
14	15	47	17	47	14	47	18	50	19	50	18	42
15	12	48	18	44	11	48	17	47	20	49	25	59
16	11	45	15	43	12	45	16	42	27	58	22	60
17	20	46	15	42	19	47	13	59	28	57	29	57
18	17	53	14	48	20	56	22	60	25	52	30	57
19	26	52	13	55	27	55	21	57	25	51	27	56
20	25	59	22	56	28	54	24	58	24	60	28	55
21	24	60	21	53	21	53	23	55	23	52	25	54
22	23	57	30	54	22	52	22	56	22	59	26	53
23	22	58	29	51	29	51	21	51	21	60	21	52
24	21	55	28	52	30	60	30	52	30	57	22	51
25	30	56	27	59	27	59	29	59	29	58	39	10
26	29	53	26	60	28	58	28	60	38	5	40	9
27	28	54	25	57	25	55	27	7	37	6	37	8
28	27	1	24	58	26	4	36	8	36	3	38	7
29	36		23	5	33	3	35	5	35	4	35	6
30	35		32	6	34	2	34	6	34	1	36	5
31	34		31		31		33	3		2		4

1991

日＼月	1	2	3	4	5	6	7	8	9	10	11	12
1	3	38	5	35	10	35	6	37	17	48	16	50
2	2	37	6	34	7	36	5	46	18	47	13	47
3	1	46	3	33	8	43	14	45	15	46	14	48
4	20	46	4	42	15	44	13	44	16	45	11	45
5	19	43	15	41	16	41	12	43	13	44	12	46
6	18	44	12	50	13	42	11	42	14	43	19	43
7	17	41	19	49	14	49	20	41	11	42	20	44
8	16	42	20	48	11	50	19	49	12	41	17	41
9	15	49	17	47	12	47	18	50	19	50	18	42
10	14	50	18	46	19	48	17	47	20	49	25	59
11	13	47	15	45	20	45	16	48	27	58	26	60
12	12	46	16	44	17	46	15	55	28	57	23	57
13	11	53	13	43	18	53	24	56	25	56	24	58
14	30	54	14	52	27	54	23	53	26	55	21	55
15	29	51	21	59	28	51	22	54	23	54	22	56
16	26	52	22	58	25	52	21	55	24	53	25	53
17	25	59	30	57	26	52	28	56	21	52	26	54
18	24	60	29	51	23	51	27	53	22	51	23	51
19	21	55	28	52	24	60	26	54	30	56	24	51
20	30	56	27	59	21	59	29	51	29	55	31	10
21	29	53	26	60	28	58	28	52	38	4	32	9
22	28	54	25	57	25	57	27	9	37	6	39	8
23	27	1	24	58	26	6	36	8	36	3	38	7
24	36	2	23	5	33	5	35	5	35	4	35	6
25	35	9	32	6	34	4	34	6	34	1	36	5
26	34	10	31	3	31	3	33	3	33	2	33	4
27	33	7	40	4	32	10	32	4	32	9	34	3
28	32	8	39	1	39	9	31	1	31	10	31	2
29	31		38	2	40	8	40	2	40	7	32	1
30	40		37	9	37	7	39	9	39	8	49	20
31	39		36		38		38	10		15		19

1992

日＼月	1	2	3	4	5	6	7	8	9	10	11	12
1	18	43	19	49	14	49	20	41	11	42	20	44
2	17	42	20	48	11	50	19	50	12	41	17	41
3	16	41	17	47	12	47	18	49	19	50	18	42
4	15	49	18	46	19	48	17	48	20	49	25	59
5	14	50	15	45	20	45	16	47	27	58	26	60
6	13	47	16	44	17	46	16	56	28	57	23	57
7	12	48	13	43	18	53	24	56	25	56	24	58
8	11	55	14	52	25	54	23	53	26	55	21	55
9	30	56	21	51	26	51	22	54	23	54	22	56
10	29	53	22	60	23	52	21	51	24	53	29	53
11	28	54	29	59	24	59	30	52	21	52	30	54
12	27	59	30	58	21	60	29	59	22	51	27	51
13	26	60	27	57	24	57	28	60	29	60	28	52
14	25	57	28	54	21	58	27	57	30	59	35	9
15	24	58	25	53	22	55	26	52	37	8	32	10
16	21	55	25	52	29	57	25	9	38	7	39	7
17	30	56	24	58	30	6	32	10	35	6	40	8
18	29	3	23	5	37	5	31	7	35	1	37	6
19	36	2	32	6	38	4	40	8	34	10	38	5
20	35	9	31	3	31	3	33	5	33	9	35	4
21	34	10	40	4	32	2	32	6	32	9	36	3
22	33	7	39	1	39	1	31	1	31	10	31	2
23	32	8	38	2	40	10	40	2	40	7	32	1
24	31	5	37	9	37	9	39	9	39	8	49	20
25	40	6	36	10	38	8	38	10	48	15	50	19
26	39	3	35	7	35	5	37	17	47	16	47	18
27	38	4	34	8	36	14	46	18	46	13	48	17
28	37	11	33	15	43	13	45	15	45	14	45	16
29	46	12	42	16	44	12	44	16	44	11	46	15
30	45		41	13	41	11	43	13	43	12	43	14
31	44		50		42		42	14		19		13

1993

日＼月	1	2	3	4	5	6	7	8	9	10	11	12
1	12	47	16	44	17	46	15	56	28	57	23	57
2	11	56	13	43	18	53	24	55	25	56	24	58
3	30	55	14	52	25	54	23	54	26	55	21	55
4	29	53	21	51	26	51	22	53	23	54	22	56
5	28	54	22	60	23	52	21	52	24	53	29	53
6	27	51	29	59	24	59	30	51	21	52	30	54
7	26	52	30	58	21	60	30	59	22	51	27	51
8	25	59	27	57	22	57	28	60	29	60	28	52
9	24	60	28	56	29	58	27	57	30	59	35	9
10	23	57	25	55	30	55	26	58	37	8	36	10
11	22	58	26	54	27	56	25	5	38	7	33	7
12	21	3	23	53	28	3	34	6	35	6	34	8
13	40	4	24	2	37	4	33	3	36	5	31	5
14	39	1	31	1	38	1	32	4	33	4	32	6
15	36	2	32	8	35	2	31	5	34	3	35	3
16	35	9	40	7	36	9	40	6	31	2	36	4
17	34	10	39	6	33	1	39	3	32	1	33	1
18	31	7	38	2	34	10	36	4	39	6	34	1
19	40	6	37	9	31	9	35	1	39	5	41	20
20	39	3	36	10	38	8	34	2	48	14	42	19
21	38	4	35	7	35	7	37	19	47	16	49	18
22	37	11	34	8	36	16	46	18	46	13	48	17
23	46	12	33	15	43	15	45	15	45	14	45	16
24	45	19	42	16	44	14	44	16	44	11	46	15
25	44	20	41	13	41	13	43	13	43	12	43	14
26	43	17	50	14	42	12	42	14	42	19	44	13
27	42	18	49	11	49	19	41	11	41	20	41	12
28	41	15	48	12	50	18	50	12	50	17	42	11
29	50		47	19	47	17	49	19	49	18	59	30
30	49		46	20	48	16	48	20	58	25	60	29
31	48		45		45		47	27		26		28

1994

日＼月	1	2	3	4	5	6	7	8	9	10	11	12
1	27	52	29	59	24	59	30	51	21	52	30	54
2	26	51	30	58	21	60	29	60	22	51	27	51
3	25	60	27	57	22	57	28	59	29	60	28	52
4	24	60	28	56	29	58	27	58	30	59	35	9
5	23	57	29	55	30	55	26	57	37	8	36	10
6	22	58	26	54	27	56	25	6	38	7	33	7
7	21	5	23	53	28	3	34	5	35	6	34	8
8	40	6	24	2	35	4	33	3	36	5	31	5
9	39	3	31	1	36	1	32	4	33	4	32	6
10	38	4	32	10	33	2	31	1	34	3	39	3
11	37	1	39	9	34	9	40	2	31	2	40	4
12	36	10	40	8	31	10	39	9	32	1	37	1
13	35	7	37	7	32	7	38	10	39	10	38	2
14	34	8	38	6	31	8	37	7	40	9	45	19
15	31	5	35	3	32	5	36	8	47	18	46	20
16	40	6	36	2	39	6	35	19	48	17	49	17
17	39	13	34	1	40	16	42	20	45	16	50	18
18	46	14	33	15	47	15	41	17	46	11	47	16
19	45	19	42	16	48	14	50	18	44	20	48	15
20	44	20	41	13	45	13	43	15	43	19	45	14
21	43	17	50	14	42	12	42	16	42	19	46	13
22	42	18	49	11	49	11	41	13	41	20	43	12
23	41	15	48	12	50	20	50	12	50	17	42	11
24	50	16	47	19	47	19	49	19	49	18	59	30
25	49	13	46	20	48	18	48	20	58	25	60	29
26	48	14	45	17	45	17	47	27	57	26	57	28
27	47	21	44	18	46	24	56	28	56	23	58	27
28	56	22	43	25	53	23	55	25	55	24	55	26
29	55		52	26	54	22	54	26	54	21	56	25
30	54		51	23	51	21	53	23	53	22	53	24
31	53		60		52		52	24		29		23

1995

日＼月	1	2	3	4	5	6	7	8	9	10	11	12
1	22	57	26	54	27	56	25	6	38	7	33	7
2	21	6	23	53	28	3	34	5	35	6	34	8
3	40	5	24	2	35	4	33	4	36	5	31	5
4	39	3	31	1	36	1	32	3	33	4	32	6
5	38	4	36	10	33	2	31	2	34	3	39	3
6	37	1	39	9	34	9	40	1	31	2	40	4
7	36	2	40	8	31	10	39	10	32	1	37	1
8	35	9	37	7	32	7	38	10	39	10	38	2
9	34	10	38	6	39	8	37	7	40	9	45	19
10	33	7	35	5	40	5	36	8	47	18	46	20
11	32	8	36	4	37	6	35	15	48	17	43	17
12	31	13	33	3	38	13	44	16	45	16	44	18
13	50	14	34	12	45	14	43	13	46	15	41	15
14	49	11	41	11	48	11	42	14	43	14	42	16
15	48	12	42	18	45	12	41	11	44	13	49	13
16	45	19	49	17	46	19	50	16	41	12	46	14
17	44	20	49	16	43	11	47	13	42	11	43	11
18	43	17	48	12	44	20	46	14	49	20	44	11
19	50	16	47	19	41	19	45	11	49	15	51	30
20	49	13	46	20	42	18	48	12	58	24	52	29
21	48	14	45	17	45	17	47	29	57	23	59	28
22	47	21	44	18	46	26	56	30	56	23	60	27
23	56	22	43	25	53	25	55	25	55	24	55	26
24	55	29	52	26	54	24	54	26	54	21	56	25
25	54	30	51	23	51	23	53	23	53	22	53	24
26	53	27	60	24	52	22	52	24	52	29	54	23
27	52	28	59	21	59	29	51	21	51	30	51	22
28	51	25	58	22	60	28	60	22	60	27	52	21
29	60		57	29	57	27	59	29	59	28	9	40
30	59		56	30	58	26	58	30	8	35	10	39
31	58		55		55		57	37		36		38

1996

日＼月	1	2	3	4	5	6	7	8	9	10	11	12
1	37	2	40	8	31	10	39	10	32	1	37	1
2	36	1	37	7	32	7	38	9	39	10	38	2
3	35	10	38	6	39	8	37	8	40	9	45	19
4	34	10	35	5	40	5	36	7	47	18	46	20
5	33	7	36	4	37	6	35	16	48	17	43	17
6	32	8	33	3	38	13	43	15	45	16	44	18
7	31	15	34	12	45	14	43	13	46	15	41	15
8	50	16	41	11	46	11	42	14	43	14	42	16
9	49	13	42	20	43	12	41	11	44	13	49	13
10	48	14	49	19	44	19	50	12	41	12	50	14
11	47	11	50	18	41	20	49	19	42	11	47	11
12	46	20	47	17	42	17	48	20	49	20	48	12
13	45	17	48	16	41	18	47	17	50	19	55	29
14	44	18	45	13	42	15	46	18	57	28	56	30
15	43	15	46	12	49	16	45	29	58	27	59	27
16	50	16	44	11	50	26	54	30	55	26	60	28
17	49	23	43	25	57	25	51	27	56	25	57	25
18	58	24	52	26	58	24	60	28	54	30	58	25
19	55	29	51	23	55	23	59	25	53	29	55	24
20	54	30	60	24	52	22	52	26	52	28	56	23
21	53	27	59	21	59	21	51	23	51	30	53	22
22	52	28	58	22	60	30	60	22	60	27	52	21
23	51	25	57	29	57	29	59	29	59	28	9	40
24	60	26	56	30	58	28	58	30	8	35	10	39
25	59	23	55	27	55	27	57	37	7	36	7	38
26	58	24	54	28	56	34	6	38	6	33	8	37
27	57	31	53	35	3	33	5	35	5	34	5	36
28	6	32	2	36	4	32	4	36	4	31	6	35
29	5	39	1	33	1	31	3	33	3	32	3	34
30	4		10	34	2	40	2	34	2	39	4	33
31	3		9		9		1	31		40		32

1997

日＼月	1	2	3	4	5	6	7	8	9	10	11	12
1	31	16	33	3	38	13	44	15	45	16	44	18
2	50	15	34	12	45	14	43	14	46	15	41	15
3	49	14	41	11	46	11	42	13	43	14	42	16
4	48	14	42	20	43	12	41	12	44	13	49	13
5	47	11	49	19	44	19	50	11	41	12	50	14
6	46	12	50	18	41	20	49	20	42	11	47	11
7	45	19	47	17	42	17	48	20	49	20	48	12
8	44	20	48	16	49	18	47	17	50	19	55	29
9	43	17	45	15	50	15	46	18	57	28	56	30
10	42	18	46	14	47	16	45	25	58	27	53	27
11	41	25	43	13	48	23	54	26	55	26	54	28
12	60	24	44	22	55	24	53	23	56	25	51	25
13	59	21	51	21	58	21	52	24	53	24	52	26
14	58	22	52	30	55	22	51	21	54	23	59	23
15	55	29	59	27	56	29	60	26	51	22	56	24
16	54	30	59	26	53	30	59	23	52	21	53	21
17	53	27	58	25	54	30	56	24	59	30	54	22
18	60	28	57	29	51	29	55	21	59	25	1	40
19	59	23	56	30	52	28	54	22	8	34	2	39
20	58	24	55	27	55	27	57	39	7	33	9	38
21	57	31	54	28	56	36	6	40	6	33	10	37
22	6	32	53	35	3	35	5	35	5	34	5	36
23	5	39	2	36	4	34	4	36	4	31	6	35
24	4	40	1	33	1	33	3	33	3	32	3	34
25	3	37	10	34	2	32	2	34	2	39	4	33
26	2	38	9	31	9	31	1	31	1	40	1	32
27	1	35	8	32	10	38	10	32	10	37	2	31
28	10	36	7	39	7	37	9	39	9	38	19	50
29	9		6	40	8	36	8	40	18	45	20	49
30	8		5	37	5	35	7	47	17	46	17	48
31	7		4		6		16	48		43		47

1998

日＼月	1	2	3	4	5	6	7	8	9	10	11	12
1	46	11	50	18	41	20	49	20	42	11	47	11
2	45	20	47	17	42	17	48	19	49	20	48	12
3	44	19	48	16	49	18	47	18	50	19	55	29
4	43	17	45	15	50	15	46	17	57	28	56	30
5	42	18	50	14	47	16	45	26	58	27	53	27
6	41	25	43	13	48	23	54	25	55	26	54	28
7	60	26	44	22	55	24	53	24	56	25	51	25
8	59	23	51	21	56	21	52	24	53	24	52	26
9	58	24	52	30	53	22	51	21	54	23	59	23
10	57	21	59	29	54	29	60	22	51	22	60	24
11	56	22	60	28	51	30	59	29	52	21	57	21
12	55	27	57	27	52	27	58	30	59	30	58	22
13	54	28	58	26	59	28	57	27	60	29	5	39
14	53	25	55	25	52	25	56	28	7	38	6	40
15	60	26	56	22	59	26	55	35	8	37	3	37
16	59	33	53	21	60	33	4	40	5	36	10	38
17	8	34	53	40	7	35	1	37	6	35	7	35
18	5	31	2	36	8	34	10	38	3	40	8	35
19	4	40	1	33	5	33	9	35	3	39	5	34
20	3	37	10	34	6	32	2	36	2	38	6	33
21	2	38	9	31	9	31	1	33	1	40	3	32
22	1	35	8	32	10	40	10	34	10	37	4	31
23	10	36	7	39	7	39	9	39	9	38	19	50
24	9	33	6	40	8	38	8	40	18	45	20	49
25	8	34	5	37	5	37	7	47	17	46	17	48
26	7	41	4	38	6	46	16	48	16	43	18	47
27	16	42	3	45	13	43	15	45	15	44	15	46
28	15	49	12	46	14	42	14	46	14	41	16	45
29	14		11	43	11	41	13	43	13	42	13	44
30	13		20	44	12	50	12	44	12	49	14	43
31	12		19		19		11	41		50		42

1999

日＼月	1	2	3	4	5	6	7	8	9	10	11	12
1	41	26	43	13	48	23	54	25	55	26	54	28
2	60	25	44	22	55	24	53	24	56	25	51	25
3	59	24	51	21	56	21	52	23	53	24	52	26
4	58	24	52	30	53	22	51	22	54	23	59	23
5	57	21	53	29	54	29	60	21	51	22	60	24
6	56	22	60	28	51	30	59	30	52	21	57	21
7	55	29	57	27	52	27	58	29	59	30	58	22
8	54	30	58	26	59	28	57	27	60	29	5	39
9	53	27	55	25	60	25	56	28	7	38	6	40
10	52	28	56	24	57	26	55	35	8	37	3	37
11	51	35	53	23	58	33	4	36	5	36	4	38
12	10	34	54	32	5	34	3	33	6	35	1	35
13	9	31	1	31	6	31	2	34	3	34	2	36
14	8	32	2	40	5	32	1	31	4	33	9	33
15	7	39	9	37	6	39	10	32	1	32	10	34
16	4	40	10	36	3	40	9	33	2	31	3	31
17	3	37	8	35	4	40	6	34	9	40	4	32
18	2	38	7	39	1	39	5	31	10	39	11	50
19	9	33	6	40	2	38	4	32	18	44	12	49
20	8	34	5	37	9	37	7	49	17	43	19	48
21	7	41	4	38	6	46	16	50	16	42	20	47
22	16	42	3	45	13	45	15	47	15	44	17	46
23	15	49	12	46	14	44	14	46	14	41	16	45
24	14	50	11	43	11	43	13	43	13	42	13	44
25	13	47	20	44	12	42	12	44	12	49	14	43
26	12	48	19	41	19	41	11	41	11	50	11	42
27	11	45	18	42	20	48	20	42	20	47	12	41
28	20	46	17	49	17	47	19	49	19	48	29	60
29	19		16	50	18	46	18	50	28	55	30	59
30	18		15	47	15	45	17	57	27	56	27	58
31	17		14		16		26	58		53		57

2000

日＼月	1	2	3	4	5	6	7	8	9	10	11	12
1	56	21	57	27	52	27	58	29	59	30	58	22
2	55	30	58	26	59	28	57	28	60	29	5	39
3	54	29	55	25	60	25	56	27	7	38	6	40
4	53	27	56	24	57	26	55	36	8	37	3	37
5	52	28	53	23	58	33	4	35	5	36	4	38
6	51	35	54	32	5	34	4	34	6	35	1	35
7	10	36	1	31	6	31	2	34	3	34	2	36
8	9	33	2	40	3	32	1	31	4	33	9	33
9	8	34	9	39	4	39	10	32	1	32	10	34
10	7	31	10	38	1	40	9	39	2	31	7	31
11	6	32	7	37	2	37	8	40	9	40	8	32
12	5	37	8	36	9	38	7	37	10	39	15	49
13	4	38	5	35	2	35	6	38	17	48	16	50
14	3	35	6	32	9	36	5	45	18	47	13	47
15	2	36	3	31	10	43	14	50	15	46	20	48
16	9	43	3	50	17	45	13	47	16	45	17	45
17	18	44	12	46	18	44	20	48	13	44	18	46
18	17	41	11	43	15	43	19	45	13	49	15	44
19	14	50	20	44	16	42	18	46	12	48	16	43
20	13	47	19	41	19	41	11	43	11	47	13	42
21	12	48	18	42	20	50	20	44	20	47	14	41
22	11	45	17	49	17	49	19	49	19	48	29	60
23	20	46	16	50	18	48	18	50	28	55	30	59
24	19	43	15	47	15	47	17	57	27	56	27	58
25	18	44	14	48	16	56	26	58	26	53	28	57
26	17	51	13	55	23	53	25	55	25	54	25	56
27	26	52	22	56	24	52	24	56	24	51	26	55
28	25	59	21	53	21	51	23	53	23	52	23	54
29	24	60	30	54	22	60	22	54	22	59	24	53
30	23		29	51	29	59	21	51	21	60	21	52
31	22		28		30		30	52		57		51

2001

日＼月	1	2	3	4	5	6	7	8	9	10	11	12
1	10	35	54	32	5	34	3	34	6	35	1	35
2	9	34	1	31	6	31	2	33	3	34	2	36
3	8	33	2	40	3	32	1	32	4	33	9	33
4	7	31	9	39	4	39	10	31	1	32	10	34
5	6	32	10	38	1	40	9	40	2	31	7	31
6	5	39	7	37	2	37	7	39	9	40	8	32
7	4	40	8	36	9	38	7	37	10	39	15	49
8	3	37	5	35	10	35	6	38	17	48	16	50
9	2	38	6	34	7	36	5	45	18	47	13	47
10	1	45	3	33	8	43	14	46	15	46	14	48
11	20	46	4	42	15	44	13	43	16	45	11	45
12	19	41	11	41	16	41	12	44	13	44	12	46
13	18	42	12	50	15	42	11	41	14	43	19	43
14	17	49	19	49	16	49	20	42	11	42	20	44
15	14	50	20	46	13	50	19	43	12	41	13	41
16	13	47	18	45	14	50	18	44	19	50	14	42
17	12	48	17	44	11	49	15	41	20	49	21	59
18	19	45	16	50	12	48	14	42	28	54	22	59
19	18	44	15	47	19	47	13	59	27	53	29	58
20	17	51	14	48	16	56	26	60	26	52	30	57
21	26	52	13	55	23	55	25	57	25	54	27	56
22	25	59	22	56	24	54	24	56	24	51	26	55
23	24	60	21	53	21	53	23	53	23	52	23	54
24	23	57	30	54	22	52	22	54	22	59	24	53
25	22	58	29	51	29	51	21	51	21	60	21	52
26	21	55	28	52	30	58	30	52	30	57	22	51
27	30	56	27	59	27	57	29	59	29	58	39	10
28	29	53	26	60	28	56	28	60	38	5	40	9
29	28		25	57	25	55	27	7	37	6	37	8
30	27		24	58	26	4	36	8	36	3	38	7
31	36		23		33		35	5		4		6

2002

日＼月	1	2	3	4	5	6	7	8	9	10	11	12
1	5	40	7	37	2	37	8	39	9	40	8	32
2	4	39	8	36	9	38	7	38	10	39	15	49
3	3	38	5	35	10	35	6	37	17	48	16	50
4	2	38	6	34	7	36	5	46	18	47	13	47
5	1	45	7	33	8	43	14	45	15	46	14	48
6	20	46	4	42	15	44	13	44	16	45	11	45
7	19	43	11	41	16	41	12	43	13	44	12	46
8	18	44	12	50	13	42	11	41	14	43	19	43
9	17	41	19	49	14	49	20	42	11	42	20	44
10	16	42	20	48	11	50	19	49	12	41	17	41
11	15	49	17	47	12	47	18	50	19	50	18	42
12	14	48	18	46	19	48	17	47	20	49	25	59
13	13	45	15	45	20	45	16	48	27	58	26	60
14	12	46	16	44	19	46	15	55	28	57	23	57
15	19	53	13	41	20	53	24	56	25	56	30	58
16	28	54	14	60	27	54	23	57	26	55	27	55
17	27	51	22	59	28	54	30	58	23	54	28	56
18	24	52	21	53	25	53	29	55	24	59	25	54
19	23	57	30	54	26	52	28	56	22	58	26	53
20	22	58	29	51	23	51	21	53	21	57	23	52
21	21	55	28	52	30	60	30	54	30	57	24	51
22	30	56	27	59	27	59	29	51	29	58	39	10
23	29	53	26	60	28	58	28	60	38	5	40	9
24	28	54	25	57	25	57	27	7	37	6	37	8
25	27	1	24	58	26	6	36	8	36	3	38	7
26	36	2	23	5	33	5	35	5	35	4	35	6
27	35	9	32	6	34	2	34	6	34	1	36	5
28	34	10	31	3	31	1	33	3	33	2	33	4
29	33		40	4	32	10	32	4	32	9	34	3
30	32		39	1	39	9	31	1	31	10	31	2
31	31		38		40		40	2		7		1

2003

日＼月	1	2	3	4	5	6	7	8	9	10	11	12
1	20	45	4	42	15	44	13	44	16	45	11	45
2	19	44	11	41	16	41	12	43	13	44	12	46
3	18	43	12	50	13	42	11	42	14	43	19	43
4	17	41	19	49	14	49	20	41	11	42	20	44
5	16	42	14	48	11	50	19	50	12	41	17	41
6	15	49	17	47	12	47	18	49	19	50	18	42
7	14	50	18	46	19	48	17	48	20	49	25	59
8	13	47	15	45	20	45	16	48	27	58	26	60
9	12	48	16	44	17	46	15	55	28	57	23	57
10	11	55	13	43	18	53	24	56	25	56	24	58
11	30	56	14	52	25	54	23	53	26	55	21	55
12	29	51	21	51	26	51	22	54	23	54	22	56
13	28	52	22	60	23	52	21	51	24	53	29	53
14	27	59	29	59	26	59	30	52	21	52	30	54
15	26	60	30	56	23	60	29	59	22	51	27	51
16	23	57	27	55	24	57	28	54	29	60	24	52
17	22	58	27	54	21	59	25	51	30	59	31	9
18	21	55	26	60	22	58	24	52	37	8	32	9
19	28	54	25	57	29	57	23	9	37	3	39	8
20	27	1	24	58	30	6	36	10	36	2	40	7
21	36	2	23	5	33	5	35	7	35	1	37	6
22	35	9	32	6	34	4	34	8	34	1	38	5
23	34	10	31	3	31	3	33	3	33	2	33	4
24	33	7	40	4	32	2	32	4	32	9	34	3
25	32	8	39	1	39	1	31	1	31	10	31	2
26	31	5	38	2	40	10	40	2	40	7	32	1
27	40	6	37	9	37	7	39	9	39	8	49	20
28	39	3	36	10	38	6	38	10	48	15	50	19
29	38		35	7	35	5	37	17	47	16	47	18
30	37		34	8	36	14	46	18	46	13	48	17
31	46		33		43		45	15		14		16

2004

日＼月	1	2	3	4	5	6	7	8	9	10	11	12
1	15	50	18	46	19	48	17	48	20	49	25	59
2	14	49	15	45	20	45	16	47	27	58	26	60
3	13	48	16	44	17	46	15	56	28	57	23	57
4	12	48	13	43	18	53	24	55	25	56	24	58
5	11	55	14	52	25	54	23	54	26	55	21	55
6	30	56	21	51	26	51	21	53	23	54	22	56
7	29	53	22	60	23	52	21	51	24	53	29	53
8	28	54	29	59	24	59	30	52	21	52	30	54
9	27	51	30	58	21	60	29	59	22	51	27	51
10	26	52	27	57	22	57	28	60	29	60	28	52
11	25	59	28	56	29	58	27	57	30	59	35	9
12	24	58	25	55	30	55	26	58	37	8	36	10
13	23	55	26	54	29	56	25	5	38	7	33	7
14	22	56	23	51	30	3	34	6	35	6	34	8
15	21	3	24	10	37	4	33	7	36	5	37	5
16	38	4	32	9	38	4	32	8	33	4	38	6
17	37	1	31	3	35	3	39	5	34	3	35	3
18	36	2	40	4	36	2	38	6	32	8	36	3
19	33	7	39	1	33	1	37	3	31	7	33	2
20	32	8	38	2	40	10	40	4	40	6	34	1
21	31	5	37	9	37	9	39	1	39	8	41	20
22	40	6	36	10	38	8	38	10	48	15	50	19
23	39	3	35	7	35	7	37	17	47	16	47	18
24	38	4	34	8	36	16	46	18	46	13	48	17
25	37	11	33	15	43	15	45	15	45	14	45	16
26	46	12	42	16	44	12	44	16	44	11	46	15
27	45	19	41	13	41	11	43	13	43	12	43	14
28	44	20	50	14	42	20	42	14	42	19	44	13
29	43	17	49	11	49	19	41	11	41	20	41	12
30	42		48	12	50	18	50	12	50	17	42	11
31	41		47		47		49	19		18		30

2005

日＼月	1	2	3	4	5	6	7	8	9	10	11	12
1	29	54	21	51	26	51	22	53	23	54	22	56
2	28	52	22	60	23	52	21	52	24	53	29	53
3	27	52	29	59	24	59	30	51	21	52	30	54
4	26	59	30	58	21	60	29	60	22	51	27	51
5	25	60	27	57	22	57	28	59	29	60	28	52
6	24	57	28	56	29	58	28	58	30	59	35	9
7	23	58	25	55	30	55	26	58	37	8	36	10
8	22	55	26	54	27	56	25	5	38	7	33	7
9	21	6	23	53	28	3	34	6	35	6	34	8
10	40	3	24	2	35	4	33	3	36	5	31	5
11	39	2	31	1	36	1	32	4	33	4	32	6
12	38	9	32	10	33	2	31	1	34	3	39	3
13	37	10	39	9	36	9	40	2	31	2	40	4
14	36	7	40	8	33	10	39	9	32	1	37	1
15	33	8	37	5	34	7	38	4	39	10	34	2
16	32	5	37	4	31	9	37	1	40	9	41	19
17	31	6	36	3	32	8	34	2	47	18	42	20
18	38	1	35	7	39	7	33	19	47	13	49	18
19	37	12	34	8	40	16	42	20	46	12	50	17
20	46	19	33	15	43	15	45	17	45	11	47	16
21	45	20	42	16	44	14	44	18	44	11	48	15
22	44	17	41	13	41	13	43	13	43	12	43	14
23	43	18	50	14	42	12	42	14	42	19	44	13
24	42	15	49	11	49	11	41	11	41	20	41	12
25	41	16	48	12	50	20	50	12	50	17	42	11
26	50	13	47	19	47	17	49	19	49	18	59	30
27	49	14	46	20	48	16	48	20	58	25	60	29
28	48	14	45	17	45	15	47	27	57	26	57	28
29	47		44	18	46	24	56	28	56	23	58	27
30	56		43	25	53	23	55	25	55	24	55	26
31	55		52		54		54	26		21		25

2006

日＼月	1	2	3	4	5	6	7	8	9	10	11	12
1	24	59	28	56	29	58	27	58	30	59	35	9
2	23	58	25	55	30	55	26	57	37	8	36	10
3	22	57	26	54	27	56	25	6	38	7	33	7
4	21	5	23	53	28	3	34	5	35	6	34	8
5	40	6	28	2	35	4	33	4	36	5	31	5
6	39	3	31	1	36	1	32	3	33	4	32	6
7	38	4	32	10	33	2	31	2	34	3	39	3
8	37	1	39	9	34	9	40	2	31	2	40	4
9	36	2	40	8	31	10	39	9	32	1	37	1
10	35	9	37	7	32	7	38	10	39	10	38	2
11	34	10	38	6	39	8	37	7	40	9	45	19
12	33	5	35	5	40	5	36	8	47	18	46	20
13	32	6	36	4	37	6	35	15	48	17	43	17
14	31	13	33	3	40	13	44	16	45	16	44	18
15	48	14	34	20	47	14	43	13	46	15	47	15
16	47	11	41	19	48	11	42	18	43	14	48	16
17	46	12	41	18	45	13	49	15	44	13	45	13
18	43	19	50	14	46	12	48	16	41	18	46	13
19	42	18	49	11	43	11	47	13	41	17	43	12
20	41	15	48	12	44	20	50	14	50	16	44	11
21	50	16	47	19	47	19	49	11	49	18	51	30
22	49	13	46	20	48	18	48	12	58	25	60	29
23	48	14	45	17	45	17	47	27	57	26	57	28
24	47	21	44	18	46	26	56	28	56	23	58	27
25	56	22	43	25	53	25	55	25	55	24	55	26
26	55	29	52	26	54	24	54	26	54	21	56	25
27	54	30	51	23	51	21	53	23	53	22	53	24
28	53	27	60	24	52	30	52	24	52	29	54	23
29	52		59	21	59	29	51	21	51	30	51	22
30	51		58	22	60	28	60	22	60	27	52	21
31	60		57		57		59	29		28		40

2007

日＼月	1	2	3	4	5	6	7	8	9	10	11	12
1	39	4	31	1	36	1	32	3	33	4	32	6
2	38	3	32	10	33	2	31	2	34	3	39	3
3	37	2	39	9	34	9	40	1	31	2	40	4
4	36	2	40	8	31	10	39	10	32	1	37	1
5	35	9	31	7	32	7	38	9	39	10	38	2
6	34	10	38	6	39	8	37	8	40	9	45	19
7	33	7	35	5	40	5	36	7	47	18	46	20
8	32	8	36	4	37	6	35	15	48	17	43	17
9	31	15	33	3	38	13	44	16	45	16	44	18
10	50	16	34	12	45	14	43	13	46	15	41	15
11	49	13	41	11	46	11	42	14	43	14	42	16
12	48	12	42	20	43	12	41	11	44	13	49	13
13	47	19	49	19	44	19	50	12	41	12	50	14
14	46	20	50	18	43	20	49	19	42	11	47	11
15	45	17	47	15	44	17	48	20	49	20	48	12
16	42	18	48	14	41	18	47	11	50	19	51	29
17	41	15	46	13	42	18	44	12	57	28	52	30
18	50	16	45	17	49	17	43	29	58	27	59	28
19	47	21	44	18	50	26	52	30	56	22	60	27
20	56	22	43	25	57	25	55	27	55	21	57	26
21	55	29	52	26	54	24	54	28	54	30	58	25
22	54	30	51	23	51	23	53	25	53	22	55	24
23	53	27	60	24	52	22	52	24	52	29	54	23
24	52	28	59	21	59	21	51	21	51	30	51	22
25	51	25	58	22	60	30	60	22	60	27	52	21
26	60	26	57	29	57	29	59	29	59	28	9	40
27	59	23	56	30	58	26	58	30	8	35	10	39
28	58	24	55	27	55	25	57	37	7	36	7	38
29	57		54	28	56	34	6	38	6	33	8	37
30	6		53	35	3	33	5	35	5	34	5	36
31	5		2		4		4	36		31		35

2008

日＼月	1	2	3	4	5	6	7	8	9	10	11	12
1	34	9	35	5	40	5	36	7	47	18	46	20
2	33	8	36	4	37	6	35	16	48	17	43	17
3	32	7	33	3	38	13	44	15	45	16	44	18
4	31	15	34	12	45	14	43	14	46	15	41	15
5	50	16	41	11	46	11	42	13	43	14	42	16
6	49	13	42	20	43	12	42	12	44	13	49	13
7	48	14	49	19	44	19	50	12	41	12	50	14
8	47	11	50	18	41	20	49	19	42	11	47	11
9	46	12	47	17	42	17	48	20	49	20	48	12
10	45	19	48	16	49	18	47	17	50	19	55	29
11	44	20	45	15	50	15	46	18	57	28	56	30
12	43	15	46	14	47	16	45	25	58	27	53	27
13	42	16	43	13	50	23	54	26	55	26	54	28
14	41	23	44	30	57	24	53	23	56	25	51	25
15	60	24	51	29	58	21	52	28	53	24	58	26
16	57	21	51	28	55	23	51	25	54	23	55	23
17	56	22	60	24	56	22	58	26	51	22	56	24
18	55	29	59	21	53	21	57	23	51	27	53	22
19	52	28	58	22	54	30	56	24	60	26	54	21
20	51	25	57	29	57	29	59	21	59	25	1	40
21	60	26	56	30	58	28	58	22	8	35	2	39
22	59	23	55	27	55	27	57	37	7	36	7	38
23	58	24	54	28	56	36	6	38	6	33	8	37
24	57	31	53	35	3	35	5	35	5	34	5	36
25	6	32	2	36	4	34	4	36	4	31	6	35
26	5	39	1	33	1	31	3	33	3	32	3	34
27	4	40	10	34	2	40	2	34	2	39	4	33
28	3	37	9	31	9	39	1	31	1	40	1	32
29	2	38	8	32	10	38	10	32	10	37	2	31
30	1		7	39	7	37	9	39	9	38	19	50
31	10		6		8		8	40		45		49

2009

日＼月	1	2	3	4	5	6	7	8	9	10	11	12
1	48	13	42	20	43	12	41	12	44	13	49	13
2	47	12	49	19	44	19	50	11	41	12	50	14
3	46	11	50	18	41	20	49	20	42	11	47	11
4	45	19	47	17	42	17	48	19	49	20	48	12
5	44	20	48	16	49	18	47	18	50	19	55	29
6	43	17	45	15	50	15	45	17	57	28	56	30
7	42	18	46	14	47	16	45	25	58	27	53	27
8	41	25	43	13	48	23	54	26	55	26	54	28
9	60	26	44	22	55	24	53	23	56	25	51	25
10	59	23	51	21	56	21	52	24	53	24	52	26
11	58	24	52	30	53	22	51	21	54	23	59	23
12	57	29	59	29	54	29	60	22	51	22	60	24
13	56	30	60	28	53	30	59	29	52	21	57	21
14	55	27	57	27	54	27	58	30	59	30	58	22
15	52	28	58	24	51	28	57	21	60	29	1	39
16	51	25	56	23	52	28	56	22	7	38	2	40
17	60	26	55	22	59	27	53	39	8	37	9	37
18	57	33	54	28	60	36	2	40	6	32	10	37
19	6	32	53	35	7	35	1	37	5	31	7	36
20	5	39	2	36	4	34	4	38	4	40	8	35
21	4	40	1	33	1	33	3	35	3	32	5	34
22	3	37	10	34	2	32	2	34	2	39	4	33
23	2	38	9	31	9	31	1	31	1	40	1	32
24	1	35	8	32	10	40	10	32	10	37	2	31
25	10	36	7	39	7	39	9	39	9	38	19	50
26	9	33	6	40	8	36	8	40	18	45	20	49
27	8	34	5	37	5	35	7	47	17	46	17	48
28	7	41	4	38	6	44	16	48	16	43	18	47
29	16		3	45	13	43	15	45	15	44	15	46
30	15		12	46	14	42	14	46	14	41	16	45
31	14		11		11		13	43		42		44

2010

日＼月	1	2	3	4	5	6	7	8	9	10	11	12
1	43	18	45	15	50	15	46	17	57	28	56	30
2	42	17	46	14	47	16	45	26	58	27	53	27
3	41	26	43	13	48	23	54	25	55	26	54	28
4	60	26	44	22	55	24	53	24	56	25	51	25
5	59	23	55	21	56	21	52	23	53	24	52	26
6	58	24	52	30	53	22	51	22	54	23	59	23
7	57	21	59	29	54	29	60	22	51	22	60	24
8	56	22	60	28	51	30	59	29	52	21	57	21
9	55	29	57	27	52	27	58	30	59	30	58	22
10	54	30	58	26	59	28	57	27	60	29	5	39
11	53	27	55	25	60	25	56	28	7	38	6	40
12	52	26	56	24	57	26	55	35	8	37	3	37
13	51	33	53	23	60	33	4	36	5	36	4	38
14	10	34	54	32	7	34	3	33	6	35	1	35
15	7	31	1	39	8	31	2	38	3	34	8	36
16	6	32	2	38	5	32	1	35	4	33	5	33
17	5	39	10	37	6	32	8	36	1	32	6	34
18	2	40	9	31	3	31	7	33	2	37	3	32
19	1	35	8	32	4	40	6	34	10	36	4	31
20	10	36	7	39	7	39	9	31	9	35	11	50
21	9	33	6	40	8	38	8	32	18	45	12	49
22	8	34	5	37	5	37	7	47	17	46	17	48
23	7	41	4	38	6	46	16	48	16	43	18	47
24	16	42	3	45	13	45	15	45	15	44	15	46
25	15	49	12	46	14	44	14	46	14	41	16	45
26	14	50	11	43	11	43	13	43	13	42	13	44
27	13	47	20	44	12	50	12	44	12	49	14	43
28	12	48	19	41	19	49	11	41	11	50	11	42
29	11		18	42	20	48	20	42	20	47	12	41
30	20		17	49	17	47	19	49	19	48	29	60
31	19		16		18		18	50		55		59

2011

日＼月	1	2	3	4	5	6	7	8	9	10	11	12
1	58	23	52	30	53	22	51	22	54	23	59	23
2	57	22	59	29	54	29	60	21	51	22	60	24
3	56	21	60	28	51	30	59	30	52	21	57	21
4	55	29	57	27	52	27	58	29	59	30	58	22
5	54	30	52	26	59	28	57	28	60	29	5	39
6	53	27	55	25	60	25	56	27	7	38	6	40
7	52	28	56	24	57	26	55	36	8	37	3	37
8	51	35	53	23	58	33	4	36	5	36	4	38
9	10	36	54	32	5	34	3	33	6	35	1	35
10	9	33	1	31	6	31	2	34	3	34	2	36
11	8	34	2	40	3	32	1	31	4	33	9	33
12	7	39	9	39	4	39	10	32	1	32	10	34
13	6	40	10	38	1	40	9	39	2	31	7	31
14	5	37	7	37	4	37	8	40	9	40	8	32
15	4	38	8	34	1	38	7	37	10	39	15	49
16	1	35	5	33	2	35	6	32	17	48	12	50
17	10	36	5	32	9	37	3	49	18	47	19	47
18	9	43	4	38	10	46	12	50	15	46	20	47
19	16	42	3	45	17	45	11	47	15	41	17	46
20	15	49	12	46	18	44	14	48	14	50	18	45
21	14	50	11	43	11	43	13	45	13	49	15	44
22	13	47	20	44	12	42	12	46	12	49	16	43
23	12	48	19	41	19	41	11	41	11	50	11	42
24	11	45	18	42	20	50	20	42	20	47	12	41
25	20	46	17	49	17	49	19	49	19	48	29	60
26	19	43	16	50	18	48	18	50	28	55	30	59
27	18	44	15	47	15	45	17	57	27	56	27	58
28	17	51	14	48	16	54	26	58	26	53	28	57
29	26		13	55	23	53	25	55	25	54	25	56
30	25		22	56	24	52	24	56	24	51	26	55
31	24		21		21		23	53		52		54

2012

日＼月	1	2	3	4	5	6	7	8	9	10	11	12
1	53	28	56	24	57	26	55	36	8	37	3	37
2	52	27	53	23	58	33	4	35	5	36	4	38
3	51	36	54	32	5	34	3	34	6	35	1	35
4	10	36	1	31	6	31	2	33	3	34	2	36
5	9	33	2	40	3	32	1	32	4	33	9	33
6	8	34	9	39	4	39	9	31	1	32	10	34
7	7	31	10	38	1	40	9	39	2	31	7	31
8	6	32	7	37	2	37	8	40	9	40	8	32
9	5	39	8	36	9	38	7	37	10	39	15	49
10	4	40	5	35	10	35	6	38	17	48	16	50
11	3	37	6	34	7	36	5	45	18	47	13	47
12	2	36	3	33	8	43	14	46	15	46	14	48
13	1	43	4	42	17	44	13	43	16	45	11	45
14	20	44	11	49	18	41	12	44	13	44	12	46
15	19	41	12	48	15	42	11	45	14	43	15	43
16	16	42	20	47	16	42	20	46	11	42	16	44
17	15	49	19	41	13	41	17	43	12	41	13	41
18	14	50	18	42	14	50	16	44	20	46	14	41
19	11	45	17	49	11	49	15	41	19	45	21	60
20	20	46	16	50	18	48	18	42	28	54	22	59
21	19	43	15	47	15	47	17	59	27	56	29	58
22	18	44	14	48	16	56	26	58	26	53	28	57
23	17	51	13	55	23	55	25	55	25	54	25	56
24	26	52	22	56	24	54	24	56	24	51	26	55
25	25	59	21	53	21	53	23	53	23	52	23	54
26	24	60	30	54	22	60	22	54	22	59	24	53
27	23	57	29	51	29	59	21	51	21	60	21	52
28	22	58	28	52	30	58	30	52	30	57	22	51
29	21	55	27	59	27	57	29	59	29	58	39	10
30	30		26	60	28	56	28	60	38	5	40	9
31	29		25		25		27	7		6		8

2013

日＼月	1	2	3	4	5	6	7	8	9	10	11	12
1	7	32	9	39	4	39	10	31	1	32	10	34
2	6	31	10	38	1	40	9	40	2	31	7	31
3	5	40	7	37	2	37	8	39	9	40	8	32
4	4	40	8	36	9	38	7	38	10	39	15	49
5	3	37	5	35	10	35	6	37	17	48	16	50
6	2	38	6	34	7	36	6	46	18	47	13	47
7	1	45	3	33	8	43	14	46	15	46	14	48
8	20	46	4	42	15	44	13	43	16	45	11	45
9	19	43	11	41	16	41	12	44	13	44	12	46
10	18	44	12	50	13	42	11	41	14	43	19	43
11	17	41	19	49	14	49	20	42	11	42	20	44
12	16	50	20	48	11	50	19	49	12	41	17	41
13	15	47	17	47	14	47	18	50	19	50	18	42
14	14	48	18	46	11	48	17	47	20	49	25	59
15	11	45	15	43	12	45	16	42	27	58	22	60
16	20	46	15	42	19	47	15	59	28	57	29	57
17	19	53	14	41	20	56	22	60	25	56	30	58
18	26	54	13	55	27	55	21	57	25	51	27	56
19	25	59	22	56	28	54	30	58	24	60	28	55
20	24	60	21	53	21	53	23	55	23	59	25	54
21	23	57	30	54	22	52	22	56	22	59	26	53
22	22	58	29	51	29	51	21	51	21	60	21	52
23	21	55	28	52	30	60	30	52	30	57	22	51
24	30	56	27	59	27	59	29	59	29	58	39	10
25	29	53	26	60	28	58	28	60	38	5	40	9
26	28	54	25	57	25	55	27	7	37	6	37	8
27	27	1	24	58	26	4	36	8	36	3	38	7
28	36	2	23	5	33	3	35	5	35	4	35	6
29	35		32	6	34	2	34	6	34	1	36	5
30	34		31	3	31	1	33	3	33	2	33	4
31	33		40		32		32	4		9		3

2014

日＼月	1	2	3	4	5	6	7	8	9	10	11	12
1	2	37	6	34	7	36	5	46	18	47	13	47
2	1	46	3	33	8	43	14	45	15	46	14	48
3	20	45	4	42	15	44	13	44	16	45	11	45
4	19	43	11	41	16	41	12	43	13	44	12	46
5	18	44	16	50	13	42	11	42	14	43	19	43
6	17	41	19	49	14	49	20	41	11	42	20	44
7	16	42	20	48	11	50	19	49	12	41	17	41
8	15	49	17	47	12	47	18	50	19	50	18	42
9	14	50	18	46	19	48	17	47	20	49	25	59
10	13	47	15	45	20	45	16	48	27	58	26	60
11	12	48	16	44	17	46	15	55	28	57	23	57
12	11	53	13	43	18	53	24	56	25	56	24	58
13	30	54	14	52	27	54	23	53	26	55	21	55
14	29	51	21	51	28	51	22	54	23	54	22	56
15	26	52	22	58	25	52	21	55	24	53	25	53
16	25	59	29	57	26	59	30	56	21	52	26	54
17	24	60	29	56	23	51	27	53	22	51	23	51
18	21	57	28	52	24	60	26	54	29	56	24	51
19	30	56	27	59	21	59	25	51	29	55	31	10
20	29	53	26	60	28	58	28	52	38	4	32	9
21	28	54	25	57	25	57	27	9	37	6	39	8
22	27	1	24	58	26	6	36	8	36	3	38	7
23	36	2	23	5	33	5	35	5	35	4	35	6
24	35	9	32	6	34	4	34	6	34	1	36	5
25	34	10	31	3	31	3	33	3	33	2	33	4
26	33	7	40	4	32	2	32	4	32	9	34	3
27	32	8	39	1	39	9	31	1	31	10	31	2
28	31	5	38	2	40	8	40	2	40	7	32	1
29	40		37	9	37	7	39	9	39	8	49	20
30	39		36	10	38	6	38	10	48	15	50	19
31	38		35		35		37	17		16		18

2015

日＼月	1	2	3	4	5	6	7	8	9	10	11	12
1	17	42	19	49	14	49	20	41	11	42	20	44
2	16	41	20	48	11	50	19	50	12	41	17	41
3	15	50	17	47	12	47	18	49	19	50	18	42
4	14	50	18	46	19	48	17	48	20	49	25	59
5	13	47	19	45	20	45	16	47	27	58	26	60
6	12	48	16	44	17	46	15	56	28	57	23	57
7	11	55	13	43	18	53	24	55	25	56	24	58
8	30	56	14	52	25	54	23	53	26	55	21	55
9	29	53	21	51	26	51	22	54	23	54	22	56
10	28	54	22	60	23	52	21	51	24	53	29	53
11	27	51	29	59	24	59	30	52	21	52	30	54
12	26	60	30	58	21	60	29	59	22	51	27	51
13	25	57	27	57	22	57	28	60	29	60	28	52
14	24	58	28	56	21	58	27	57	30	59	35	9
15	23	55	25	53	22	55	26	58	37	8	36	10
16	30	56	26	52	29	56	25	9	38	7	39	7
17	29	3	24	51	30	6	32	10	35	6	40	8
18	38	4	23	5	37	5	31	7	36	1	37	6
19	35	9	32	6	38	4	40	8	34	10	38	5
20	34	10	31	3	35	3	33	5	33	9	35	4
21	33	7	40	4	32	2	32	6	32	9	36	3
22	32	8	39	1	39	1	31	3	31	10	33	2
23	31	5	38	2	40	10	40	2	40	7	32	1
24	40	6	37	9	37	9	39	9	39	8	49	20
25	39	3	36	10	38	8	38	10	48	15	50	19
26	38	4	35	7	35	7	37	17	47	16	47	18
27	37	11	34	8	36	14	46	18	46	13	48	17
28	46	12	33	15	43	13	45	15	45	14	45	16
29	45		42	16	44	12	44	16	44	11	46	15
30	44		41	13	41	11	43	13	43	12	43	14
31	43		50		42		42	14		19		13

2016

日＼月	1	2	3	4	5	6	7	8	9	10	11	12
1	12	47	13	43	18	53	24	55	25	56	24	58
2	11	56	14	52	25	54	23	54	26	55	21	55
3	30	55	21	51	26	51	22	53	23	54	22	56
4	29	53	22	60	23	52	21	52	24	53	29	53
5	28	54	29	59	24	59	30	51	21	52	30	54
6	27	51	30	58	21	60	30	60	22	51	27	51
7	26	52	27	57	22	57	28	60	29	60	28	52
8	25	59	28	56	29	58	27	57	30	59	35	9
9	24	60	25	55	30	55	26	58	37	8	36	10
10	23	57	26	54	27	56	25	5	38	7	33	7
11	22	58	23	53	28	3	34	6	35	6	34	8
12	21	3	24	2	35	4	33	3	36	5	31	5
13	40	4	31	1	38	1	32	4	33	4	32	6
14	39	1	32	8	35	2	31	1	34	3	39	3
15	38	2	39	7	36	9	40	6	31	2	36	4
16	35	9	39	6	33	1	39	3	32	1	33	1
17	34	10	38	2	34	10	36	4	39	10	34	2
18	33	7	37	9	31	9	35	1	39	5	41	20
19	40	6	36	10	32	8	34	2	48	14	42	19
20	39	3	35	7	35	7	37	19	47	13	49	18
21	38	4	34	8	36	16	46	20	46	13	50	17
22	37	11	33	15	43	15	45	15	45	14	45	16
23	46	12	42	16	44	14	44	16	44	11	46	15
24	45	19	41	13	41	13	43	13	43	12	43	14
25	44	20	50	14	42	12	42	14	42	19	44	13
26	43	17	49	11	49	19	41	11	41	20	41	12
27	42	18	48	12	50	18	50	12	50	17	42	11
28	41	15	47	19	47	17	49	19	49	18	59	30
29	50	16	46	20	48	16	48	20	58	25	60	29
30	49		45	17	45	15	47	27	57	26	57	28
31	48		44		46		56	28		23		27

2017

日＼月	1	2	3	4	5	6	7	8	9	10	11	12
1	26	51	30	58	21	60	29	60	22	51	27	51
2	25	60	27	57	22	57	28	59	29	60	28	52
3	24	59	28	56	29	58	27	58	30	59	35	9
4	23	57	25	55	30	55	26	57	37	8	36	10
5	22	58	26	54	27	56	25	6	38	7	33	7
6	21	5	23	53	28	3	33	5	35	6	34	8
7	40	6	24	2	35	4	33	3	36	5	31	5
8	39	3	31	1	36	1	32	4	33	4	32	6
9	38	4	32	10	33	2	31	1	34	3	39	3
10	37	1	39	9	34	9	40	2	31	2	40	4
11	36	2	40	8	31	10	39	9	32	1	37	1
12	35	7	37	7	32	7	38	10	39	10	38	2
13	34	8	38	6	31	8	37	7	40	9	45	19
14	33	5	35	3	32	5	36	8	47	18	46	20
15	40	6	36	2	39	6	35	19	48	17	49	17
16	39	13	34	1	40	16	44	20	45	16	50	18
17	48	14	33	15	47	15	41	17	46	15	47	15
18	45	11	42	16	48	14	50	18	44	20	48	15
19	44	20	41	13	45	13	49	15	43	19	45	14
20	43	17	50	14	42	12	42	16	42	18	46	13
21	42	18	49	11	49	11	41	13	41	20	43	12
22	41	15	48	12	50	20	50	12	50	17	42	11
23	50	16	47	19	47	19	49	19	49	18	59	30
24	49	13	46	20	48	18	48	20	58	25	60	29
25	48	24	45	17	45	17	47	27	57	26	57	28
26	47	21	44	18	46	24	56	28	56	23	58	27
27	56	22	43	25	53	23	55	25	55	24	55	26
28	55	29	52	26	54	22	54	26	54	21	56	25
29	54		51	23	51	21	53	23	53	22	53	24
30	53		60	24	52	30	52	24	52	29	54	23
31	52		59		59		51	21		30		22

2018

日＼月	1	2	3	4	5	6	7	8	9	10	11	12
1	21	6	23	53	28	3	34	5	35	6	34	8
2	40	5	24	2	35	4	33	4	36	5	31	5
3	39	4	31	1	36	1	32	3	33	4	32	6
4	38	4	32	10	33	2	31	2	34	3	39	3
5	37	1	33	9	34	9	40	1	31	2	40	4
6	36	2	40	8	31	10	39	10	32	1	37	1
7	35	9	37	7	32	7	38	10	39	10	38	2
8	34	10	38	6	39	8	37	7	40	9	45	19
9	33	7	35	5	40	5	36	8	47	18	46	20
10	32	8	36	4	37	6	35	15	48	17	43	17
11	41	15	33	3	38	13	44	16	45	16	44	18
12	50	14	34	2	45	14	43	13	46	15	41	15
13	49	11	41	11	48	11	42	14	43	14	42	16
14	48	12	42	20	45	12	41	11	44	13	49	13
15	45	19	49	17	46	19	50	16	41	12	46	14
16	44	20	50	16	43	20	49	13	42	11	43	11
17	43	17	48	15	44	20	46	14	49	20	44	22
18	50	18	47	19	41	19	45	11	50	15	51	30
19	49	13	46	20	42	18	44	12	58	24	52	29
20	48	14	45	17	45	17	47	29	57	23	59	28
21	47	21	44	18	46	26	56	30	56	23	60	27
22	56	22	43	25	53	25	55	25	55	24	55	26
23	55	29	52	26	54	24	54	26	54	21	56	25
24	54	30	51	23	51	23	53	23	53	22	53	24
25	53	27	60	24	52	22	52	24	52	29	54	23
26	52	28	59	21	59	21	51	21	51	30	51	22
27	51	25	58	22	60	28	60	22	60	27	52	21
28	60	26	57	29	57	27	59	29	59	28	9	40
29	59		56	30	58	26	58	30	8	35	10	39
30	58		55	27	55	25	57	37	7	36	7	38
31	57		54		56		6	38		33		37

おわりに
裏運気があるから、人生の面白さがわかる

心も、運気も、とどまることなく動いています。

裏運気は、これまでの動きが急に変わり、一瞬戸惑いますが、「新しいステージに変わりますよ」というお知らせだったり、もしかするともう変わり始めていたりする時期なんです。

別の言い方をすれば、「成長」です。子どもが成長するときに「成長痛」の出る子がいますが、「運気が悪くなる時期」とは、それと似たような「じつは悪くない痛み」なのかもしれません。

僕は、運って何なのか、運気の流れとはどんな法則の下に成り立っているのかを考えていくうちに、裏運気とはありがたいものなんじゃないかと思うようになりました。

もともとは僕も、「運気が悪くなる時期」と思っていたので、なんでそんな目に遭

うのかが疑問でしたが、「運が悪くなるわけじゃない」「運気はいいも悪いもない」と気づいたときから、裏運気は、むしろいい時期なのではないか、裏運気がなくては人生が良くならないのではないか、とさえ思うようになりました。

なぜなら、人はすぐに怠けたくなるからです。

安全、安心が得られている今の状態を、わざわざ変えようとはしないもので、放っておけば同じパターンを繰り返してしまいます。慣れ親しんだものは手放したくない。けれどもそれでは負荷がかからない代わりに、変化も成長もしなくなります。

また、自分が変わらなくても、外の環境が変わることもあります。このときにも変化への対応力がないので、ポキッと折れやすい。変化に慣れていないので、必要以上にダメージを受けてしまい、前に進めなくなってしまう。

長い人生を考えたら、これって不運なことなんです。

超高齢社会の日本です。そして、機械やロボットが発達し、労働の苦労はどんどん減る傾向にあります。その代わり、また質の違う苦労が出てきます。車社会になって、歩かなくて足腰が弱くなったという人がいますし、パソコンが普及すれば、字が覚えられなくなったという人がいます。いつの時代も新たな課題は出てくるもので、課題自体がなくなることはないでしょう。考えてみれば、人はいつも課題に取り組み、それをクリアすることが喜びであって、自ら課題を作って、それを原動力に、進歩・成長しているとも言えます。

「苦労」という言葉を辞書で引いてみたら、「精神的、肉体的に力を尽くし、苦しい思いをすること」とありました。「苦しい思い」より、前半の「精神的、肉体的に力を尽くし」が大事なんです。これを体験するために、私たちは変化を求めにいっていると言っても過言ではありません。

「精神的、肉体的に力を尽くし」……を体験するから人生は面白いのであって、変化のない人生や想定内の出来事ばかりでは、きっと飽きてしまうでしょう。

運気は心のリズムですから、結局は自分が飽きて、自分から変化を求めにいってい

るのです。

裏運気は、人間が成長できるように変化を与えてくれる、ありがたいものだと思います。

新しいやり方を覚えざるを得なくて、新しい行動を起こさざるを得なくて、もがいたり、苦しんだり、泣きたくなったりすることもあるでしょう。

それでいいんです。もがいた方が自分の中に何かが残ります。

振り返ってみると、人に話す笑い話は大変な思いをした自虐話だったりしませんか。

笑えるネタをどんどん作ってください。

それを人に話して、笑い合えたらもう大丈夫。成長したあなたは次のステージに移っています。

もがきを経験して、どんどん新しいステージに移ってください。一度しっかりと味わえば、その苦さはもう違う味に変わりますから。

ゲッターズ飯田

ゲッターズ飯田（げったーず　いいだ）

これまで約5万人を超える人を無償で占い続け、「人の紹介がないと占わない」というスタンスが業界で話題に。

これまで占ってきた実績から「五星三心占い」を編み出し、芸能界最強の占い師としてテレビ、ラジオに出演するほか、雑誌やwebなどに数多く登場する。自分の占いで「顔は出さない方がいい」からマスクを着けている。

LINE公式アカウントの登録者数は100万人を超え、いま日本で最も有名な占い師。常に占いの研究を続ける姿勢から「進化し続ける占い師」とも呼ばれる。

著書には『ゲッターズ飯田の運命の変え方』（ポプラ社）、『ゲッターズ飯田の開運ブック』（講談社）、『開運レッスン』（セブン＆アイ出版）、『ゲッターズ飯田の金持ち風水』『ゲッターズ飯田の運の鍛え方』『ゲッターズ飯田の縁のつかみ方』『ゲッターズ飯田の運めくりカレンダー』（朝日新聞出版）など多数。

ゲッターズ飯田の裏運気の超え方

2017年11月30日 第1刷発行
2018年1月10日 第3刷発行

著者 ゲッターズ飯田
発行者 友澤和子
発行所 朝日新聞出版
〒104-8011 東京都中央区築地5-3-2
電話 03-5541-8832（編集）
03-5540-7793（販売）
印刷製本 中央精版印刷株式会社

ISBN978-4-02-251500-1
定価はカバーに表示してあります。
落丁・乱丁の場合は弊社業務部（電話03-5540-7800）へご連絡ください。
送料弊社負担にてお取り替えいたします。